Gabriele Berry

Den Übergang in die Schule erfolgreich meistern

Gabriele Berry, Diplompädagogin, war am Aufbau eines gemeinwesenorientierten Hortes beteiligt, leitete eine städtische Kindertagesstätte in Berlin-Neukölln, war im bezirklichen Jugendamt, als Lehrbeauftragte, in der Fortbildung und als Kita-Beraterin tätig. Zuletzt hat sie in der für Jugend zuständigen Berliner Senatsverwaltung die Arbeitsgruppe „Bildungsprogramm und Qualitätsentwicklung" geleitet. Im Ruhestand betätigt sie sich unter anderem als freiberufliche Fortbildnerin und Autorin.

Gabriele Berry

Den Übergang in die Schule erfolgreich meistern

herausgegeben von
Elke Heller und Christa Preissing

Cornelsen

Bei Fragen und Anregungen wenden Sie sich bitte an unsere Berater:
Marketing, 14328 Berlin, Cornelsen Service Center,
Servicetelefon 030 / 89 785 89 29

Weitere Informationen finden Sie im Internet unter:
www.cornelsen.de/fruehe-kindheit

Redaktion: Eva Killmann von Unruh, München
Illustrationen: Katharina Reichert-Scarborough, München
Umschlaggestaltung & Innenlayout: Claudia Adam, Graphik-Design, Darmstadt
Technische Umsetzung: Markus Schmitz, Büro für typographische Dienstleistungen, Altenberge
Titelfotografie: © kids.4pictures – fotolia.com

1. Auflage 2013

Druck: orthdruk, Bialystok, Polen

ISBN 978-3-589-24825-4

Inhalt gedruckt auf säurefreiem Papier
aus nachhaltiger Forstwirtschaft.

Inhalt

Vorwort der Herausgeberinnen

Dieses Buch ist Teil der Praxisreihe „Was Kita-Kinder stark macht“. Alle Bände verbindet das Anliegen, aktuelle wissenschaftliche Erkenntnisse zur Frühpädagogik mit Praxiserfahrungen aus Kindergärten bzw. Kitas zu verbinden. Erzieherinnen und Erzieher, andere pädagogisch Tätige und auch Eltern erhalten Anregungen für das Leben und Lernen mit Kindern und Impulse, die eigene Arbeit im Team zu überdenken.

Die in der UN Kinderrechtskonvention vereinbarten Rechte der Kinder auf Entfaltung ihrer Persönlichkeit, ihrer Begabungen und geistigen und körperlichen Fähigkeiten (Erziehung und Bildung), auf Beteiligung und Teilhabe in allen sie betreffenden Fragen (Partizipation), auf Fürsorge, Schutz und Geborgenheit (Schutzrechte) sowie auf ausreichende Berücksichtigung und Erfüllung ihrer Grundbedürfnisse (Versorgungsrechte) sind die wichtigste Orientierung für die gesamte Praxisreihe.

In der aktuell bildungspolitisch sehr aufgeladenen Diskussion um die herausragende Bedeutung der frühen Bildung ist es uns sehr wichtig, die Rechte der Kinder in den Mittelpunkt zu stellen. Denn ähnlich wie in vorangegangenen Bildungsreformen des Kindergartens sehen wir die Gefahr, dass die Diskussion um Bildung und Erziehung der Kinder einseitig unter ökonomischen Verwertungsgesichtspunkten geführt wird: Welche Menschen braucht die Gesellschaft, welche Kompetenzen sollen junge Menschen haben und was kann frühe Bildung dazu beitragen?

Glücklicherweise leben wir in einer auf ein demokratisches Zusammenleben ausgerichteten Gesellschaft, in der die ökonomischen Interessen nicht alleine das Sagen haben.

Deshalb können wir die inzwischen anerkannten Rechte der Kinder dazu nutzen, die Diskussionsfrage umzukehren: Welche Gesellschaft, welches System der frühen Bildung, Erziehung und Betreuung und welche Erwachsenen brauchen Kinder, damit sie ihre unendlich vielfältigen Potentiale gemeinsam mit anderen Kindern entwickeln können? Und welche Kompetenzen brauchen sie, um ihr Leben eigenverantwortlich und sinnerfüllt gestalten zu können?

Dabei geht es uns nicht um ein „Entweder-Oder", sondern um die Diskussion des Spannungsverhältnisses, das ja viele Eltern und Erzieher/innen in ihrem Alltag umtreibt und manchmal auch aufreibt: Was müssen und sollen Kinder lernen und leisten? Im Kontrast dazu die Frage: Was können und wollen Kinder alles lernen und leisten?

Wir bedanken uns vor allem bei den vielen Erzieherinnen und Erziehern, die uns ihre Praxiserfahrungen geschildert haben. Viele Praxisbeispiele stammen aus Abschlussarbeiten von Praktiker(inne)n, die eine Weiterbildung zur „Fachkraft für den Situationsansatz" in der Internationalen Akademie – INA gGmbH – in der Freien Universität Berlin absolviert haben. Andere konnten wir bei Praxisbesuchen, Konferenzen und Fortbildungen kennen lernen. Namen von Kindern oder Erwachsenen, die in den Praxisbeispielen zu Wort kommen, sind immer anonymisiert.

Die Herausgeberinnen

Dr. Elke Heller und Dr. Christa Preissing

„Bald komme ich in die Schule!" – Eine Einführung

Der erste Schultag markiert einen wichtigen Einschnitt auf dem Lebensweg des Kindes: seinen Eintritt in das formale Bildungswesen[1]. Viele Erwartungen, Traditionen und Rituale verbinden sich mit diesem Tag und machen ihn zu einer Art Initiation, die den Beginn einer neuen Lebensphase kennzeichnet.

Immer wieder heißt es, dass mit diesem Tag der „Ernst des Lebens" beginne – als ob es vorher für das Kind kein ernsthaftes Lernen, keine Anstrengung gegeben hätte! Ohne Frage aber unterscheidet sich das Leben eines Schulkindes in vieler Hinsicht von dem eines Kindergartenkindes. Und: Der Schuleintritt wirft seine Schatten voraus. Vor allem im letzten Jahr vor der Schule wird er zum zentralen Thema für Eltern und Erzieher/innen – und natürlich für die Kinder. Seitdem die Ergebnisse der PISA-Studien Bildungspolitiker und Fachöffentlichkeit beschäftigen, ist das Bildungsgeschehen der frühen Jahre immer mehr in den Fokus der allgemeinen Aufmerksamkeit gerückt. Der erfolgreiche Schulstart jedes Kindes gilt als ein wichtiges bildungspolitisches Ziel und Indikator für erreichte Bildungsgerechtigkeit. Bereits an dieser Schnittstelle werden entscheidende Weichen für den zukünftigen Bildungsweg gestellt.

Die Autorin an ihrem ersten Schultag.

Eltern, Erzieher/innen, Lehrer/innen – alle an der Erziehung der Kinder Beteiligten sind darum bemüht, dieses Anliegen zu unterstützen. Allerdings vertreten sie teilweise unterschiedliche, mitunter gegensätzliche Auffassungen darüber, was hierfür getan werden muss und wer wofür zuständig ist. Viele Eltern sind verunsichert. Die Verantwortung für die Bildungschancen ihres Kindes lastet immer stärker auf ihnen: Besucht ihr Kind die „richtige" Kita? Wird es dort ausreichend genug gefördert, um später in der Schule erfolgreich zu sein? Sollte das Kind noch zusätzliche Bildungsangebote erhalten? Viele Erzieher/innen spüren die steigenden Anforderungen und fühlen sich in ihrer Arbeit nicht ausreichend wertgeschätzt – weder von den Eltern noch von der Schule, die immer wieder über ungenügend vorbereitete Kinder klagt. Auch die pädagogischen Fachkräfte geraten zuweilen in Orientierungsnöte: Wie können sie Eltern und Lehrer/innen von ihren Konzepten überzeugen? Oder wäre es doch besser, mit den Kindern – vor allem im letzten Jahr vor der Schule – mehr schulbezogene Kompetenzen zu „trainieren", schon um die Eltern zu beruhigen?

Bei all diesen Überlegungen geht es letztlich um folgende Fragen:

- Was brauchen Kinder heute, um den Herausforderungen des Schulalltags gewachsen zu sein?
- Wie können sie in ihrer Vorbereitung auf die neue Lebenssituation unterstützt werden?
- Wie müsste der Übergang gestaltet werden, um allen Kindern einen gelungenen Schulstart und damit gute Chancen auf einen erfolgreichen Bildungsweg zu ermöglichen?
- Wer hat dabei welche Aufgabe? Familie, Kita, Schule – wie kann eine sinnvolle Kooperation gelingen?

Das vorliegende Buch soll helfen, diese Fragen zu beantworten. Auf der Basis aktueller Erkenntnisse und orientiert an den Grundsätzen des Situationsansatzes soll es Erzieher/innen und Kita-Teams anregen, ihre pädagogische Arbeit entlang der in den folgenden Kapiteln beschriebenen Planungsschritte zu gestalten. Dabei werden auch wesentliche Erkenntnisse und Erfahrungen aus der Veröffentlichung „Was heißt hier Schulfähigkeit?" von Sabine Naumann (1998) aus heutiger Sicht wieder aufgegriffen.

Das **erste Kapitel** „Erkunden – Situationen analysieren" beschreibt die Bedeutung des Überganges vom Kindergarten in die Schule für die Kinder und ihre Eltern. Grundsätzliche Merkmale von Übergängen werden ebenso dargestellt wie günstige Bedingungen für ihre erfolgreiche Bewältigung. Der zweite Teil des Kapitels widmet sich der Frage, wie die konkrete Situation vor Ort erkundet werden kann.

Das **zweite Kapitel** „Orientieren – Ziele erkennen" bietet eine Übersicht über die Kompetenzen, die Kinder bei der Bewältigung des Übergangs unterstützen, und benennt die Ziele, die sich als Schlussfolgerungen aus dem ersten Kapitel ergeben.

Das **dritte Kapitel** „Handeln – Situationen gestalten" beschreibt in konkreten Beispielen, wie diese Ziele in der Praxis verfolgt werden können. Und das **vierte Kapitel** „Reflektieren – Erfahrungen auswerten" benennt Herausforderungen, von denen Erzieher/innen aus ihrer Kooperationspraxis mit Schule berichten, und Handlungsmöglichkeiten, um diesen zu begegnen.

1 Erkunden – Situationen analysieren

Jedes Jahr verabschieden sich die Kinder eines Jahrganges vom Kindergarten, um in die Schule zu wechseln. Zuweilen etwas beklommen, fragen sich die Erzieher/innen, wie es ihnen dort wohl gehen wird: Werden die Kinder die neuen Anforderungen bewältigen können? Werden sie sich ihre Lernfreude, ihren Wissensdurst bewahren können? Konnten sie selbst den Kindern einen hilfreichen „Unterstützungsrucksack“ mitgeben? Und was können sie weiterhin tun, damit die neuen „Großen“ im nächsten Jahr den Übergang in die Schule erfolgreich bewältigen?

Um die letzte Frage beantworten zu können, empfiehlt es sich, die Situation gründlich zu erkunden: Was bedeutet der Übergang in die Schule für die Kinder? Welche Veränderungen, Anforderungen beinhaltet er? Welche Personen, welche Institutionen sind an der Situation beteiligt, und welche Rolle haben sie im Geschehen? Was hilft den Kindern, den Übergang erfolgreich zu bewältigen?

Notwendig ist darüber hinaus eine genaue Analyse der Situation vor Ort: Was ist über die Erfahrungen, Erwartungen und Bedürfnisse der Kinder und der anderen Beteiligten bekannt? Welche Bedingungen liegen bei uns konkret vor? Welche Einflussmöglichkeiten gibt es für uns Erzieher/innen?

1.1 Von der Kita in die Schule – eine entscheidende Situation im Leben der Kinder

Was bedeutet der Übergang für das Kind?

„Den Übergang vom Kindergartenkind zum Schulkind erlebt ein Kind normalerweise als wichtige Änderung seines Status. Es fühlt sich deutlich ‚größer‘ und erwartet, dass ihm mehr und andere Rechte zugestanden werden als bisher. Zumeist sieht es der größeren Selbstständigkeit mit Freude und Stolz entgegen“ (Senatsverwaltung für Bildung, Jugend und Sport Berlin 2004, S. 116).

Die Kinder erwarten, in der Schule Neues und Interessantes, vor allem aber lesen, schreiben und rechnen zu lernen. Davon versprechen sie sich „persönlichen Gewinn und ein Mehr an Gemeinsamkeiten mit den Erwachsenen, die diese Fähigkeiten schon beherrschen. (...) So bewirkt der Übergang für viele Kinder einen Motivationsschub. Sie wollen Neues lernen“ (a. a. O.) ... und stellen sich den neuen Anforderungen mit Neugier, Stolz und Einsatzbereitschaft.

Allerdings weckt die näher rückende Einschulung bei den Kindern zuweilen auch Zweifel und Unsicherheiten, ob sie der neuen Situation gewachsen sein werden. Sie spüren mehr als sie wissen können: In der Schule wird so manches anders ablaufen, als sie es bisher gewohnt waren.

In der Tat wird der Übergang in die Schule von vielen Anforderungen begleitet, die die gesamte Lebenssituation des Kindes, nicht nur den bisher ungewohnten Unterricht betreffen (vgl. dazu im Folgenden a. a. O., S. 116 f.):

- **Soziale Anforderungen:** Es gilt, viele neue Kinder kennenzulernen, sich am Aufbau einer neuen Gruppe, der Klassengemeinschaft, zu beteiligen und die eigene Position dort zu finden. Regeln für den Umgang miteinander und neue Verhaltensformen müssen erprobt und ausgehandelt werden.
- **Zurechtfinden in der großen Schulgemeinschaft:** Das Kind muss sich nun in einem zumeist weitläufigen Schulgelände orientieren, um seine Klasse, die Toilette, die Cafeteria etc. zu finden; dabei begegnet es vielen Erwachsenen und Kindern, die es zunächst größtenteils noch nicht kennt und deren Rolle im Schulbetrieb ihm unbekannt ist.
- **Umgang mit Statuswechsel:** Hat das Kind sich soeben noch als „großes" Schulkind gefühlt, so merkt es schnell, dass es als Erstklässler innerhalb der Schulgemeinschaft zu den „Kleinsten" gehört; dabei steht es vor der alltäglichen Anforderung, sich sowohl in einer großen Gruppe Gleichaltriger als auch manchmal mit sehr viel älteren Kindern (z. B. in der Pause) zu bewegen, was einen ständigen Perspektivwechsel erfordert.
- **Fremdbestimmter Zeitplan:** Der Alltag des Kindes wird nun durch einen strengeren und großenteils fremdbestimmten Zeitplan strukturiert; die Schule verlangt Anwesenheitspflicht im Unterricht, die häuslichen Abläufe am Morgen müssen pünktliches Erscheinen zu Unterrichtsbeginn gewährleisten. Während des Unterrichts muss die Befriedigung elementarer Bedürfnisse unter Umständen aufgeschoben werden. „Die eigenen Zeitbedürfnisse müssen mit denen der Schule ausbalanciert und Schritt für Schritt in Einklang gebracht werden" (a. a. O., S. 117).

Einige Tage nach dem Schulanfang überrascht Johanna ihre Mutter beim morgendlichen Wecken mit der Mitteilung: „Heute bleibe ich mal zu Hause, ich muss da ja nicht jeden Tag hin!"

- **Weniger Begleitung durch Erwachsene:** In aller Regel steht die Lehrerin oder der Lehrer dem Kind nicht in dem Maße als individueller Ansprechpartner zur Verfügung, wie es das von der pädagogischen Fachkraft in der Kita gewohnt ist.

- **Veränderte Situation außerhalb des Unterrichts:** Mit dem Eintritt in die Schule verändert sich für die Kinder auch die Freizeitsituation. Welche Anforderungen dadurch entstehen, ist davon abhängig, ob das Kind nach dem Unterricht eine Einrichtung besucht und, wenn ja, um welche es sich handelt: Besucht das Kind den Hort in seiner bisherigen Kita, so sind die Veränderungen gegenüber der bisherigen Situation vergleichsweise gering; die Einrichtung, die Erzieher/innen und viele der Kinder sind ihm bereits aus seiner Kindergartenzeit bekannt. Befindet sich der Hort in einer anderen Kindertageseinrichtung, so hat das Kind einen doppelten Einrichtungswechsel zu verkraften. In diesem Fall muss es sich mit einer neuen Einrichtungskultur, mit bisher unbekannten Erwachsenen und wahrscheinlich auch Kindern auseinandersetzen. Sofern das Kind eine gebundene Ganztagsschule besucht, kann davon ausgegangen werden, dass zwischen Unterrichts- und Freizeitbereich eine konzeptionelle, räumliche und personelle Kontinuität besteht. Wie hoch diese Kontinuität in einer offenen Ganztagsschule ist und welche Differenzerfahrungen die Kinder zwischen den Bereichen machen, wird u. a. von den landesspezifisch vorgegebenen Strukturen sowie dem jeweiligen Schulkonzept abhängig sein.

Was kennzeichnet Übergänge als wichtige Schritte auf dem Lebensweg?

Übergänge begleiten das menschliche Leben.

Der Schulanfang ist nicht der erste Übergang, den ein Kind in seinem Leben bewältigen muss. Davor ist es bereits aus dem Leben in der Familie in die Kita eingetreten, hat dort wahrscheinlich mal die Gruppe gewechselt, vielleicht ein Geschwisterchen bekommen – und schließlich hat es den alles entscheidenden ersten Übergang vollzogen: Es ist zur Welt gekommen. Auch auf seinem weiteren Lebensweg wird der Mensch immer wieder neue Übergänge durchleben und verarbeiten: sei es den Eintritt in den Beruf, die Geburt des ersten eigenen Kindes, eine schwere Krankheit, die Trennung von der Lebenspartnerin, vom Lebenspartner ...

Die Veränderungen, mit denen Menschen in Übergangssituationen konfrontiert werden, können mehr oder weniger weitreichend sein; die damit verbundenen Anforderungen sind immer komplex und betreffen verschiedene Ebenen der menschlichen Existenz: die Ebene des Einzelnen, die Ebene seiner Beziehungen zu anderen Menschen sowie die Ebene seiner Lebensumwelten (vgl. Griebel/Niesel 2011, S. 37).

Das gilt auch für den Übergang vom Kindergarten- zum Schulkind. So lassen sich die neuen Anforderungen als Entwicklungsaufgaben wie folgt den verschiedenen Ebenen zuordnen (vgl. im Folgenden a. a. O.):

- **Entwicklungsaufgaben auf der Ebene des Einzelnen:** Dazu gehören die Veränderung der eigenen Identität, der Erwerb eines Selbstbildes als kompetentes Schulkind, die Bewältigung von starken Emotionen wie Stolz, Freude, Neugier, aber auch von Unsicherheit und Bedrohung, die Entwicklung von Kompetenzen, die zur Bewältigung der neuen Situation benötigt werden.
- **Entwicklungsaufgaben auf der Ebene der Beziehungen zu anderen:** Dazu gehören der Abschied von den Erwachsenen und Kindern in der Kita, die Aufnahme neuer Beziehungen zu den Pädagoginnen und Pädagogen sowie zu gleichaltrigen und älteren Kindern in der Schule und eventuell auch in zusätzlichen Einrichtungen (z. B. Hort), die größere Selbstständigkeit gegenüber den Eltern.
- **Entwicklungsaufgaben auf der Ebene der Lebensumwelten:** Die Anforderungen der Lebensbereiche Familie, Schule und gegebenenfalls Hort müssen integriert, die Unterrichtssituation, die Anforderungen des Lehrplans wollen gemeistert werden.

Übergänge fordern vom Menschen, sich neu zu erfinden.

Übergänge stellen Menschen vor besonders „verdichtete Entwicklungsanforderungen“ (Welzer 1993, zitiert nach: Freie und Hansestadt Hamburg, Behörde für Arbeit, Soziales, Familie und Integration 2012, S. 40). Sie können Entwicklungsprozesse beschleunigen, „intensiviertes Lernen anregen und als bedeutsame biografische Erfahrungen (...) für die Identitätsentwicklung wahrgenommen werden“ (Griebel/Niesel 2011, S. 37 f.). Neben diesen Chancen beinhalten sie allerdings auch das Risiko des Scheiterns.

Übergänge beinhalten Chancen, aber auch Risiken.

Das gilt auch für den Übergang in die Grundschule: Auch er kann dazu führen, dass Kinder an ihren Herausforderungen schnell und intensiv wachsen. Der Übergang kann aber auch zu einem Risiko werden – vor allem dann, wenn das Kind in dieser Zeit noch andere Krisen oder einschneidende Veränderungen (Krankheit, Trennung der Eltern, Umzug etc.) verarbeiten muss.

Der Übergang in die Grundschule – ein Prozess mit vielen Beteiligten

Verschiedene Personen und Institutionen haben Einfluss darauf, wie ein Kind den Übergang Kita – Schule erlebt und bewältigt (vgl. im Folgenden: a. a. O., S. 117 f.). Die Transitionsforschung (Transition = Übergang, Wandel) spricht von „systemischen Wirkweisen“ (a. a. O., S. 35). So wird der Charakter des Übergangs in die Grundschule auch durch die Vorstellungen und Normen bestimmt, die für Schule und Schulanfang, für das Bild vom Kind, den Kindergarten, für Lernen und Leistung aktuell gesellschaftlich vorherrschend sind.

Zu den am Übergang in die Grundschule beteiligten Personen gehören:

- das Kind, das in die Schule wechselt
- seine Eltern
- seine Erzieher/innen in der abgebenden Institution Kita
- die Lehrer/innen der aufnehmenden Institution Schule
- gegebenenfalls die Erzieher/innen des Hortes.

Hinzu kommen andere Familienmitglieder, ältere Freunde des Kindes, die bereits die Schule besuchen, ratgebende andere Eltern, der Arzt, der die Schuleingangsuntersuchung durchführt, soziale oder beratende Dienste ... Alle wirken mehr oder weniger darauf ein, wie der Übergang gestaltet ist, welche Anforderungen er bereithält und wie das Kind ihn bewältigen kann.

Dabei gibt es jedoch einen grundsätzlichen Unterschied zwischen den beteiligten Personen: Kinder und Eltern sind diejenigen, die selbst aktiv einen Übergang vollziehen. Das Kind wird vom Kindergarten- zum Schulkind, die Eltern werden von Eltern eines Kindergartenkindes zu Eltern eines Schulkindes – vor allem dann, wenn ihr erstes Kind zur Schule kommt.

Auch die Eltern müssen sich beim Übergang ihres Kindes in die Schule auf neue Anforderungen einstellen. Ihr Leben verändert sich, für sie entstehen neue Herausforderungen, sie bewegen sich in neuen sozialen Zusammenhängen (z. B.

Auch Eltern müssen einen Übergang bewältigen.

Klassenelternschaft). Und sie müssen starke Gefühle bewältigen: Stolz und Freude, aber auch Beunruhigung, die Sorge, etwas versäumt zu haben ...

Erzieher/innen, Lehrer/innen und alle anderen Personen in den Institutionen sind zwar an der Gestaltung des Übergangs beteiligt, sie vollziehen ihn aber nicht selbst. Sie erleben ihn als jährlich wiederkehrende Anforderung an ihr fachliches Handeln, was allerdings keine persönliche Neuorientierung erfordert.

Schulfähigkeit – wer ist dafür verantwortlich?

Noch heute ist die Vorstellung verbreitet, dass die bis zum Schulbeginn erworbenen Kompetenzen eines Kindes weitgehend dafür verantwortlich sind, ob ihm der Übergang gelingt. Was ein Kind braucht, um in diesem Sinne „schulfähig" zu sein, ist allerdings nicht eindeutig definiert; die Vorstellungen darüber wechseln zuweilen von einer Schule zur anderen (vgl. Griebel/Niesel 2011, S. 127). Immer handelt es sich dabei um Kompetenzen, die zur Bewältigung der schulischen Anforderungen als notwendig erachtet werden, und von denen erwartet wird, dass sie das Kind bis zum Schuleintrittsalter erwerben konnte: Sprachliches Ausdrucksvermögen, Sprachverständnis und -sicherheit, Bewegungskoordination und Ausdauer, das Interesse an Symbolen, Zeichen, Buchstaben, die Beschäftigung mit Zahlen und grundlegenden mathematischen Zusammenhängen sollen – ebenso wie die feinmotorische Entwicklung – die Voraussetzungen für den Anfangsunterricht bieten; ein entwickeltes Arbeitsgedächtnis, Aufgabenbereitschaft und Durchhaltevermögen werden ebenso erwartet wie soziale Kompetenzen. Erwartet werden Kinder, die sich auf neue Herausforderungen freuen und diese energisch angehen (vgl. hierzu Kasten 2009; Haug-Schnabel/Bensel 2011, S. 56 ff.).

Die Erkenntnis, dass diese Voraussetzungen jedoch nicht einfach durch natürliche Reifungsprozesse entstehen, hat den (älteren) Begriff der „Schulreife" durch den der „Schulfähigkeit" ablösen lassen. Damit wurde der Tatsache Rechnung getragen, dass der Bildungsverlauf jedes Kindes in hohem Maße von den Umständen seiner bisherigen Lebensgeschichte, dem Klima des Aufwachsens, dem Anregungsreichtum seines Erfahrungsumfeldes und von der Unterstützung durch einfühlsame Erwachsene abhängt. Der Blick richtete sich verstärkt auf Elternhaus und Kindertageseinrichtung als diejenigen, die für die Schulfähigkeit des Kindes und damit für das Gelingen des Übergangs Verantwortung tragen. Der Anteil, den Schule daran hat, war kaum im Blick.

So verweisen Wissenschaft und Fachpraxis schon seit längerem darauf, dass die Individualität und Sprunghaftigkeit kindlicher Entwicklungsprozesse es verbieten, zu einem bestimmten Alterszeitpunkt von gleichen Entwicklungsvoraussetzungen bei allen Kindern auszugehen (vgl. Haug-Schnabel/Bensel 2011, S. 5 f.). Das fordert von der Schule, dass sie die Kinder dort abholt, wo sie gerade stehen, um sie ihren individuellen Entwicklungsvoraussetzungen angemessen auf dem Weg zu begleiten.

Hinzu kommt, dass der Prozess des Übergangs erst dann als abgeschlossen gelten kann, wenn das Kind ausreichend Gelegenheit gefunden hat, sich mit der neuen Lebenssituation und den ungewohnten Anforderungen zurechtzufinden. Erst wenn das Kind in der Schule wirklich „angekommen" ist, ist es im eigentlichen Sinne schulfähig.

Schulfähigkeit braucht die Schule als reale und alltägliche Lebenssituation. Einem Kind zu helfen, schulfähig zu werden, kann deshalb nur als gemeinsame Aufgabe von Eltern, Kindertageseinrichtungen und Schule betrachtet werden.

Was hilft den Kindern beim Übergang in die Grundschule?

Übergänge zu bewältigen, heißt Bildungsprozesse zu vollziehen – das gilt für Menschen aller Altersstufen. Wenn Kinder auf ihrem Weg von der Kita in die Schule unterstützt werden sollen, muss den Eigenarten ihrer Bildungsprozesse Genüge getan werden. Im Folgenden werden Bedingungen beschrieben, die den Kindern aus Sicht der Transitionsforschung und mit Blick auf den Charakter frühkindlichen Lernens zu einem erfolgreichen Schulanfang verhelfen können.

Beteiligung an der Vorbereitung und Gestaltung des Übergangs

Aus der Transitionsforschung ist bekannt, dass Übergänge eher gelingen, wenn die Betroffenen selbst Einfluss auf den Gang des Geschehens nehmen können und sich nicht der Situation ausgeliefert fühlen. Das entspricht dem Bedürfnis des Kindes, sich seine Welt in aktivem Handeln anzueignen. Im Falle des Übergangs in die Schule sind Kinder daran interessiert, Informationen über ihren zukünftigen Lebensbereich zu erhalten; sie bilden sich eigene Vorstellungen darüber und tauschen sie untereinander aus. Auch das „Schule spielen" der – vor allem älteren – Kindergartenkinder ist eine Form der aktiven Vorbereitung auf

„Schule spielen" ist eine Form der aktiven Vorbereitung auf den Schuleintritt.

das, was sie in der Schule erwartet. Je mehr Kinder dabei unterstützt werden, desto eher können sie sich auf die zukünftigen Anforderungen einstellen und sind ihnen nicht mehr hilflos ausgeliefert.

Verlässliche Beziehungen

Wie jeder Bildungsprozess des Kindes ist auch die Bewältigung von Übergängen ein aktiver und zugleich sozialer, beziehungsvoller Prozess, der sich im Austausch zwischen dem handelnd lernenden Kind und den an der Situation beteiligten Personen vollzieht. Auch für ältere Kindergartenkinder ist – neben den Beziehungen zu anderen Kindern – die Beziehung zu eng vertrauten Erwachsenen wie Eltern oder pädagogischen Fachkräften von großer Bedeutung. Die besondere Aufgabe der Erwachsenen in dieser Situation ist es, das Kind „zum eigenständigen Erkunden von Neuem" zu ermuntern und ihm Unterstützung zu gewähren, wenn es „bei schwierigen Aufgaben an Grenzen gelangt" (Griebel/Niesel 2011, S. 133).

Neuere Forschungsergebnisse verweisen auf Zusammenhänge zwischen der Qualität der Erzieher/innen-Kind-Beziehung und der erfolgreichen Bewältigung des Schuleintritts. „Kinder mit sicheren Bindungserfahrungen (zu ihrer Erzieherin, ihrem Erzieher, d. Verf.) zeigen vor dem Schuleintritt eine hohe Lernmotivation und sind optimistisch, dass sie sich mit den Lehrern und Lehrerinnen gut verstehen würden. Sie wurden zudem als emphatisch, kooperativ, aber auch als unabhängig und zielorientiert beschrieben“ (a.a.O., S. 134).

Übergänge als erwünschte, freudig erwartete Ereignisse

Erwünschte Übergänge sind leichter zu bewältigen als solche, die dem Menschen von außen verordnet bzw. aufgezwungen werden. Steht zum Beispiel eine Heirat oder ein ersehnter beruflicher Wechsel bevor, so sind Menschen in der Regel voller Zuversicht und es fällt ihnen leichter, alle Kräfte zu mobilisieren. Kinder können es manchmal kaum erwarten, in die Schule zu kommen. Und Kitas sollten alles daran setzen, diese Freude zu unterstützen, indem sie die Kinder in ihrer Neugier, ihrem Forscherdrang unterstützen und ihre Bereitschaft stärken, sich neuen Anforderungen zu stellen.

Gelungene Übergänge als gute Basis für neue Anforderungen

Jeder gelungene Übergang vermittelt dem Menschen die Erfahrung, dass er auch schwierige Situationen und Anforderungen bewältigen kann. Das unterstützt seine Widerstandsfähigkeit gegenüber zukünftigen krisenhaften Situationen – die Wissenschaft spricht hier von „Resilienz“ (vgl. Wustmann Seiler 2012) – und fördert die Bereitschaft, sich für neue Situationen und Anforderungen zu öffnen. Umgekehrt gelten negative Übergangserfahrungen als ungünstige Voraussetzung für die Bewältigung zukünftiger Herausforderungen. Deshalb sollte allen Übergängen, die das Kind in der Kita vollzieht, große Aufmerksamkeit gewidmet werden (vgl. Niesel/Ribeiro/von Hollen in: Niesel/Diskowski/Hammes-Di Bernardo/Hebenstreit-Müller 2006, S. 217).

Individuelle Begleitung

Wie alle Bildungsprozesse des Kindes ist auch die Auseinandersetzung mit den von ihm zu bewältigenden Übergängen durch kulturelle und individuelle Unterschiede bestimmt und zugleich von der aktuell gegebenen Lebenssituation beeinflusst. Vom Übergang aus der Familie in die Kindertageseinrichtung ist bekannt, wie individuell dieser Prozess bei jedem Kind verläuft und entsprechend zu begleiten ist. Gleiches gilt für den Übergang von der Kita in die Grundschule – auch wenn die Kinder dann schon älter sind.

Nicht nur die Eingewöhnungssituation, auch der Übergang in die Grundschule braucht individuelle Begleitung.

Balance zwischen Kontinuität und Diskontinuität

Für jeden Übergang gilt: Wenn die neue Situation neben vielem Ungewohnten ausreichend Bekanntes enthält, wenn bereits erworbene Kompetenzen dabei helfen, den neuen Anforderungen nachzukommen – dann ist die Wahrscheinlichkeit größer, dass der Übergang erfolgreich bewältigt wird. Wenn dagegen in der neuen Situation alles unbekannt ist, wenn keine Anknüpfungspunkte zu bisherigen Erfahrungen bestehen und die bisher erworbenen Fähigkeiten sich in der neuen Situation als nutzlos erweisen, dann sind Orientierungs- und Hilflosigkeit wahrscheinlich, und es besteht die Gefahr des Scheiterns (vgl. a.a.O., S. 220).

Übertragen auf den Übergang von der Kita in die Schule heißt das: Wenn das Kind

- in der Schule nicht nur auf Neues, sondern auch auf Vertrautes trifft,
- erlebt, dass es bereits viele Dinge kann, die ihm in der neuen Situation nutzen,
- darüber hinaus Wertschätzung für sein Können und Wissen erfährt –

dann wachsen die Chancen, dass es die neue Situation bewältigt. Im umgekehrten Fall besteht die Gefahr, dass das Kind sehr schnell entmutigt aufgibt.

Die Balance zwischen Vertrautem und Neuem braucht die Kooperation.

Auch an dieser Stelle wird deutlich, dass es sich bei der Gestaltung des Übergangs um eine gemeinsame Aufgabe von Kita und Grundschule handeln muss, denn die Balance zwischen Veränderung und Beständigkeit kann nur in Kooperation zwischen beiden Bereichen erreicht werden.

Nur wenn sich Erzieher/innen und Lehrer/innen darüber austauschen, welche Erfahrungen die Kinder in dem jeweils anderen Lebens- und Lernumfeld sammeln können, was und wie sie dort lernen, wie der Alltag organisiert ist etc., können die Lebensbereiche Kita und Grundschule sinnvoll aufeinander bezogen werden.

Kita und Grundschule bewegen sich aufeinander zu – eine kleine Zeitreise

Bis vor einigen Jahren war die Meinung vorherrschend, dass erst mit dem Schuleintritt des Kindes das „eigentliche" Lernen beginnt – dafür sprachen der staatliche Bildungsauftrag der Schule und die damit verbundene Allgemeine Schulpflicht. Kinder galten bei ihrem Schuleintritt als „Lernanfänger" und ihre bereits erworbenen Kompetenzen als „Vorläuferfähigkeiten" – ein Sprachgebrauch, der teilweise noch heute üblich ist.

Eltern und Kitas waren zuständig für die „Schulfähigkeit" des Kindes. Die Gestaltung des Schulanfangs dagegen lag in der alleinigen Verantwortung der Schule. Eine Kooperation zwischen den beiden Bereichen gab es nur selten, sie war offiziell nicht vorgesehen.

Vor allem die durch PISA angeregte Bildungsdiskussion gab den Anstoß für eine Entwicklung, die auch das Verhältnis zwischen Kita und Grundschule geändert hat:

Schulanfänger sind keine Lernanfänger – der eigenständige Bildungsauftrag der Kita wird bekräftigt

Die frühkindliche Bildung rückte in den Fokus der Bildungspolitik. Forschungsergebnisse der Neurobiologie, der Entwicklungspsychologie und der Bildungsforschung bestätigen die zentrale Bedeutung der ersten Lebensjahre für den weiteren Bildungs- und Lebensweg des Kindes.

Und nicht nur das: Sie bestätigen gleichfalls, dass Kinder sich ihre Welt effektiv durch die Bewältigung realer Lebenssituationen aneignen; dass sie mit allen Sinnen lernen und ihnen das am ehesten gelingt, wenn sie eigene Ziele verfolgen können. Kurz – die Forschung bekräftigt, was Fachkräfte der Frühpädagogik schon immer gesagt haben: Kinder lernen ganzheitlich. Der Bildung, Erziehung und Betreuung umfassende Bildungsauftrag und das entsprechende Setting der Kindertageseinrichtungen bilden den hierfür geeigneten Rahmen (vgl. hierzu Preissing 2010).

Die Diskussion findet 2004 ihren Niederschlag in einem gemeinsamen Beschluss der für Kindertageseinrichtungen und Schulen zuständigen Konferenzen der Jugend- und Kultusminister der Länder (JMK und KMK) mit dem Titel „Gemeinsamer Rahmen der Länder für die frühe Bildung in Kindertageseinrichtungen“ (vgl. Pestalozzi-Fröbel-Verband 2006). Erstmalig formulieren die obersten Spitzen der für Schule und Jugend zuständigen Länderministerien ein gemeinsames Verständnis vom Bildungsauftrag und den pädagogischen Grundsätzen des Elementarbereichs.

Verbindliche Bildungsvorgaben für die Kita schaffen Transparenz und Orientierung – auch für die Grundschulen.

Parallel und in Folge zu diesem Beschluss werden in allen Ländern verbindliche Bildungsvorgaben (Bildungspläne, -empfehlungen, -programme etc.) für die Arbeit der Kindertageseinrichtungen erarbeitet. Damit wird die Kita für die Schule transparent: Sahen sich die Grundschulen bis zu diesem Zeitpunkt einer Vielfalt von Träger- und Einrichtungskonzeptionen mit sehr unterschiedlichen fachlichen Ansprüchen gegenüber, so gibt es nunmehr erstmalig verbindliche Aussagen darüber, was die Kita leisten soll und was von ihrer Arbeit zu erwarten ist.

Kindertageseinrichtungen und Schulen proben die Zusammenarbeit

In dem Beschluss von 2004 wird auch die Kooperation zwischen Kita und Grundschule thematisiert: „Um den Übergang von den Kindertageseinrichtungen in die Grundschulen für Kinder und Eltern zu erleichtern, ist die Zusammenarbeit zwischen den beiden Bildungsinstitutionen zu stärken“ (Pestalozzi-Fröbel-Verband 2006, S. 11).

In den Folgejahren wird die Zusammenarbeit von Kita und Grundschule an der Schnittstelle Übergang in verschiedenen bundesweiten und länderspezifischen Programmen und Modellprojekten erprobt. Die Ergebnisse dieser Entwicklungsarbeit fließen 2009 in einen weiteren gemeinsamen Beschluss von JFMK (nunmehr Jugend- und Familienministerkonferenz) und KMK ein, der sich ausführlich mit Zielen und Prinzipien der Zusammenarbeit von Kita und Schule beschäftigt und den Ländern Handlungsempfehlungen zur Gestaltung des Übergangs gibt[2].

Die Zusammenarbeit wird für beide Seiten zur rechtlich vorgegebenen Verpflichtung.

Die Verpflichtung zur Zusammenarbeit von Kita und Grundschule im Übergang wird in die gesetzlichen Grundlagen beider Bereiche (§ 22a SGB VII sowie in die Ausführungsgesetze der Länder) aufgenommen.

Die Schulfähigkeit der Kinder wird als gemeinsame Aufgabe von Eltern, Kita und Grundschule bestätigt

Zur Verantwortung für die Schulfähigkeit heißt es im „Gemeinsamen Rahmen“: „Insbesondere gilt es, dem Begriff der Schulfähigkeit (...) mehr Transparenz zu verleihen. Dazu ist es notwendig, Schulfähigkeit als eine gemeinsame Entwicklungs- und Förderaufgabe von Kindertageseinrichtungen und Grundschulen zu verstehen. Ziel (...) sind gleichermaßen das schulfähige Kind wie die kindfähige Schule“ (a.a.O.).

Was folgert aus diesen Aussagen für die Praxis von Kitas und Grundschulen?

- Kita und Grundschule verständigen sich über das, was sie unter Schulfähigkeit verstehen.
- Die Kita unterstützt die Kinder gemäß dieser Zielvorstellung.
- Die Schule „holt“ die Kinder – entsprechend ihrem individuellen Entwicklungsstand – bei Schuleintritt „ab“.
- Sie wird zur kindfähigen Schule, d.h. sie schließt an den Bildungsprozessen und -konzepten der Kita an.

Schule verändert sich

Die Reformbemühungen in Folge von PISA führten auch zu Veränderungen der Grundschule – vor allem in der Schuleingangsphase. Dabei kommt es in einigen Punkten zu Annäherungen an die pädagogischen und organisatorischen Prinzipien der Kindertageseinrichtungen:

- Orientierung am einzelnen Kind, seinem individuellen Lernprozess und seinen Ressourcen: In den Ländern werden die Jahrgangsstufen 1 und 2 als Schuleingangsstufen zusammengefasst, die – allerdings unter jeweils sehr unterschiedlichen Bedingungen – zeitlich flexibel durchlaufen werden können.
- Verständnis von Lernen als eigenaktivem Handeln des Kindes: Projekt- und Freiarbeit und das Ansetzen an den speziellen Interessen der Kinder spielen vor allem in der individualisierten Unterrichtsgestaltung eine zunehmende Rolle.
- Kinder lernen voneinander: Vor allem in jahrgangsübergreifend organisierten Klassen (z.B. in den JÜL Klassen[3] der Berliner Flexiblen Schulanfangs-

phase) werden Arbeitsformen praktiziert, die in den altersgemischt organisierten Kindergärten seit jeher üblich sind.

- Erweitertes Verständnis vom Bildungsauftrag: Insbesondere im verstärkten Ausbau von Ganztagsschulen und vollen bzw. verlässlichen Halbtagsgrundschulen zeigt sich ein verändertes Verständnis vom Bildungsauftrag der Grundschulen. Die Schule übernimmt Erziehungs- und Betreuungsaufgaben, die früher in erster Linie der Familie und den Horten zugesprochen wurden. Das verändert nicht nur ihr Selbstverständnis, sondern hat auch Auswirkungen auf ihre Ziele, Arbeitsweisen und pädagogischen Konzepte.

Um die Anschlussfähigkeit zwischen Kita und Schule zu stärken, entwickeln einige Länder Bildungsvorgaben, die auch die Grundschule umfassen (z. B. Thüringen, Hessen). In Berlin schreibt das 2009 veröffentlichte „Berliner Bildungsprogramm für die offene Ganztagsgrundschule“ das Bildungsprogramm für die Kindertageseinrichtungen für den Grundschulbereich fort (siehe Ramseger/Preissing/Pesch 2009).

Kita und Grundschule haben sich in den vergangenen Jahren aufeinander zubewegt. Dadurch ist eine gute Grundlage für ihre Kooperation entstanden.

1.2 Die Analyse der Situation vor Ort

Viele Variablen entscheiden darüber, wie der Übergang von der Kita in die Grundschule im Einzelfall gestaltet ist und wie er von den Kindern, den Eltern und anderen Beteiligten erlebt wird. Erst die Analyse der vor Ort bestehenden Situation ermöglicht es, sich für konkrete Handlungsziele und ein bestimmtes Vorgehen zu entscheiden.

Hilfreiche Fragen bei der Erkundung

Die folgende Zusammenstellung soll als Checkliste dazu dienen, alle wichtigen Informationen im Blick zu haben. Sie ist weder abschließend, noch muss sie in jedem Fall vollständig abgearbeitet werden.

Nicht immer wird es notwendig sein, neue Informationen von außen zu beschaffen; manchmal reicht das versammelte Wissen eines Teams aus, um zunächst begründete Annahmen über einzelne Sachverhalte zu bilden. Dann kann immer noch entschieden werden, ob die Annahmen ausreichend genug mit Fakten unterlegt sind, um die nächsten Entscheidungs- und Handlungsschritte zu begründen, oder ob zusätzlich recherchiert werden sollte.

Fragen rund um die Kinder

- Was wissen die Kinder über die Schule, was vermuten sie?
- Welche Gefühle äußern die Kinder hinsichtlich des bevorstehenden Schulanfangs, was wünschen sie sich?
- Wie geht es den Kindern, die im letzten Jahr in die Schule gekommen sind?

Fragen rund um die Eltern

- Mit welchen Gefühlen sehen die Eltern der Einschulung ihres Kindes entgegen?
- Von welchen Erfahrungen berichten Eltern mit bereits schulpflichtigen Kindern?
- Welche Erwartungen haben die Eltern an die Kita?
- Wie unterstützen die Eltern ihre Kinder?
- Welche Veränderungen, welche Herausforderungen wird der Schuleintritt des Kindes für die Familien mit sich bringen?
- Welche Unterstützung brauchen die Eltern?

Fragen rund um die Schule

- In welche Schulen wechseln die Kinder der Kita regelmäßig und in welcher Anzahl?
- Welches Profil haben die Schulen, nach welchem Konzept gestalten sie den Anfangsunterricht?
- Was erwarten sie von den Kindern?
- Was erwarten sie von den Eltern?
- Was erwarten sie von uns?
- Welche Erfahrungen gibt es mit diesen Schulen? In welchen Punkten wird möglicherweise bereits kooperiert?

Fragen rund um den Hort bzw. die außerunterrichtliche Betreuung

- In welche Einrichtungen wechseln die Kinder der Kita und in welcher Anzahl?
- Was ist über die pädagogische Arbeit der Einrichtung bekannt, nach welchem Konzept arbeitet sie?
- In welcher Beziehung steht sie zur Schule der Kinder? Besteht eine Kooperation?
- Welche Rahmenbedingungen (personell, räumlich-materiell, organisatorisch) gibt es dort?
- Welche Erfahrungen gibt es mit diesen Einrichtungen? In welchen Punkten wird möglicherweise bereits kooperiert?

Fragen rund um die Kita & das Team

- Welche Auffassung von Vorbereitung auf die Schule und Schulfähigkeit hat jedes Teammitglied?
- Gibt es dazu bereits eine gemeinsame Position des Kita-Teams, etwa als Aussage in der Einrichtungskonzeption?
- Welche eigenen (Grund-)Schulerfahrungen haben die Teammitglieder?
- Ist der Entwicklungsstand jedes Kindes bekannt?
- Werden für die Kinder Entwicklungstagebücher, Bildungsbücher, Portfolios oder ähnliche Dokumentationen geführt? Sind Kinder und Eltern daran beteiligt?
- Werden die Eltern bei ihrem eigenen Übergang wahrgenommen und unterstützt?
- Wie geht es uns mit den Eltern, ihren Anforderungen an uns, ihrem Verhalten?
- Wie sehen wir uns im Verhältnis zur Schule?
- Wie gehen wir in der Kita mit den Übergängen der Kinder um?
- Welche Möglichkeiten bieten wir den Kindern, eigenverantwortlich im Alltag zu handeln?
- Welche Möglichkeiten bieten wir den Kindern, eigenaktiv zu forschen?
- Wie stärken wir das Selbstvertrauen der Kinder?

Fragen zum Vorgehen

Informationen alleine helfen nicht weiter. Erst wenn sie geordnet und mit den eigenen Erfahrungen und Fragen in Bezug gesetzt werden, können sie dazu dienen, neue Perspektiven zu eröffnen. Die folgenden Fragen sollen dazu beitragen:

- Was ist der Auslöser für unsere Absicht, uns mit dem Thema zu beschäftigen?
- Welche Informationen benötigen wir, um die Situation zu verstehen und geeignete Ziele zu entwickeln?

Die Bedeutung der folgenden organisatorischen Fragen wird häufig unterschätzt. Ihre Beantwortung sollte nicht offen bleiben. Das Risiko, dass die Arbeit an der Situationsanalyse in der Hektik des Alltags und insbesondere bei personellen Engpässen schlicht untergeht, ist einfach zu groß:

- Woher erhalten wir kompetente Auskunft zu welchem Sachverhalt?
- Wer übernimmt bis wann welche Recherche?
- Wie werden die gewonnenen Informationen gesammelt, dokumentiert? Wie werden sie an die beteiligten Kolleginnen und Kollegen weitergegeben?
- Welche Möglichkeiten müssen wir schaffen, um die Informationen zu diskutieren und auszuwerten?

Und abschließend:

- Haben wir aus den Recherchen neue Einsichten, einen veränderten Blick auf das Thema gewonnen?
- Was ergibt sich daraus für unsere Arbeit?

2 Orientieren – Ziele erkennen

Das Nachdenken über den Übergang in die Schule hat dem Team zu einer Basis verholfen, die es ihm ermöglicht, die Ziele für seine weitere Arbeit abzuleiten. Dabei geht es um folgende Fragen:

1. Welche Kompetenzen helfen Kindern, den Übergang erfolgreich zu meistern?
2. Was ist zu tun, um Kinder beim Erwerb dieser Kompetenzen zu unterstützen?
3. Was geschieht im letzten Kiga-Jahr? Wie soll der Übergang gestaltet werden?

2.1 Welche Kompetenzen helfen Kindern, den Übergang erfolgreich zu meistern?

Kita-Teams und Projekte, die sich mit dem Thema Übergang in die Schule auseinandergesetzt haben, benennen – wenn auch in teilweise unterschiedlichen Formulierungen – die Unterstützung der folgenden Kompetenzen als handlungsleitend für die pädagogische Arbeit. Sie befinden sich damit in grundsätzlicher Übereinstimmung mit den Aussagen der Fachliteratur und den Bildungsvorgaben der Länder.

Personale Kompetenzen

- Positive Selbsteinschätzung, Vertrauen in die eigenen Fähigkeiten und in die Selbstwirksamkeit
- Bereitschaft zum eigenständigen Handeln und zur Übernahme von Verantwortung
- Eine optimistische Haltung gegenüber neuen Situationen und Herausforderungen
- Strategien, um mit Stress, Ängsten, Misserfolgen und Enttäuschungen umzugehen
- Strategien, um Probleme und Konflikte zu lösen
- Neugier, Lernfreude
- Anstrengungsbereitschaft, Durchhaltevermögen und Fähigkeit zum zeitweiligen Bedürfnisaufschub

Soziale Kompetenzen

- Den eigenen Platz in der Gruppe finden
- Verantwortung für sich und andere übernehmen

- Zuhören, sich in andere einfühlen (Empathie), deren Perspektive übernehmen
- Die eigenen Meinungen und Absichten vertreten, die Meinungen und Absichten anderer wahrnehmen und sich mit ihnen auseinandersetzen
- Konflikte wahrnehmen, aushalten, sich bei ihrer Lösung einbringen
- Geltende Regeln verstehen, situationsangemessen anwenden und gegebenfalls gemeinsam mit anderen verändern

Sachkompetenzen

- Urteilsfähigkeit durch elementares Wissen über sich selbst, das nähere Umfeld und die dort lebenden Menschen, über natürliche und gesellschaftliche Vorgänge
- Handlungsfähigkeit durch Aneignen von theoretischem und praktischem Wissen und Können
- Erlebtes in vielfältiger Form ausdrücken können (entsprechend den „Hundert Sprachen der Kinder“ der Reggiopädagogik)
- Freude an reicher Sprache; ausreichendes Sprachvermögen, um sich verständlich zu machen und andere zu verstehen
- Voraussetzungen für den Erwerb der Kulturtechniken Lesen, Schreiben und Rechnen (z. B. phonologische Bewusstheit; Wissen um die Bedeutung von Schriftzeichen, Symbolen, Piktogrammen; sachgerechter Umgang mit einfachem Werkzeug, Schreib-, Zeichen- und Malgerät; Funktionen von Zahlen sowie grundlegende Eigenschaften des Zahlen- und Messsystems kennen)

Lernmethodische Kompetenzen

- Wissen um geeignete persönliche Arbeitstechniken, Wissen um die eigenen Ziele, das eigene Können, die eigenen Kenntnisse (was man wie lernt)
- Wissen, wo bzw. von wem man benötigte Informationen oder Hilfestellung erhält
- Den eigenen Zeitbedarf einschätzen, sich die Zeit einteilen können

Als zentrale Kompetenz für das Gelingen von Übergängen gilt die Resilienz. Darunter wird die seelische Widerstandskraft gegenüber Krisen und Entwicklungsrisiken verstanden wird (engl. resilience = Spannkraft, Widerstandsfähigkeit, Elastizität; vgl. Wustmann Seiler 2012, S. 18). Ein resilientes Kind ist in der Lage, auch schwierige Situationen zu bewältigen und daran zu wachsen. Es kann die

Entwicklungschancen nutzen, die diese Situationen beinhalten und geht daraus gestärkt hervor.

Resiliente Kinder können an Krisen wachsen.

Resilienz umfasst ein ganzes Bündel von Kompetenzen, die in ihrem Zusammenspiel die Widerstandsfähigkeit des Kindes bewirken. Dazu gehören vor allem die oben genannten personalen Kompetenzen, aber auch unterstützende soziale, lernmethodische Kompetenzen und Sachkompetenzen.

> Alle Maßnahmen zur Vorbereitung und Gestaltung des Übergangs sollten unter dem übergreifenden Ziel stehen, das Selbstwertgefühl der Kinder, ihr Vertrauen in die eigenen Fähigkeiten, ihre Freude am eigenständigen Handeln und am Lernen zu stärken.

2.2 Was ist zu tun, um Kinder beim Erwerb dieser Kompetenzen zu unterstützen?

Das meiste von dem, was Kindern hilft, froh und erfolgreich in der Schule zu leben und zu lernen, kann nur über einen langen Zeitraum hinweg erworben werden. Das gilt für die Freude am Lernen und Forschen ebenso wie für Selbstsicherheit, Sprachfähigkeit und soziale Kompetenz. Gerade die Erfahrungen der ersten Lebensjahre haben entscheidende Auswirkung auf die folgenden Bildungsprozesse und den weiteren Lebensweg des Kindes. Vom ersten Tag in der Kita bis zum Schuleintritt – die gesamte Kita-Zeit ist Bildungszeit. Ihre qualitative Ausgestaltung hat Konsequenzen für das Fundament, über das die Kinder bei Schuleintritt verfügen können.

Die gesamte Kita-Zeit ist Bildungszeit.

Was heißt hier eigentlich „Vorbereitung"?

Alle in der Kita verbrachten Jahre sind Bildungszeit. Sind sie damit auch Vorbereitungszeit auf die Schule? Die Antwort lautet: ja und nein. Ja, weil alle wesentlichen Kompetenzen, die dem Kind im Übergang nützen, langjährige Unterstützung benötigen. Nein, denn der Begriff „Vorbereitung" hat seine Tücken. Er erweckt den Anschein, als ob der aktuelle Lernprozess des Kindes vornehmlich der Bewältigung einer zukünftigen Situation dient. Aber Kinder lernen nicht auf Vorrat. Kinder lernen, um eine gegenwärtige Herausforderung zu meistern – um eine Frage, die sie beschäftigt, zu beantworten; um einen Konflikt zu bestehen, eine Kompetenz zu erwerben, die ihnen nützen soll. Kinder lernen, um ihre gegenwärtige Situation zu bewältigen, und indem sie das tun, erwerben sie die Kompetenzen, die ihnen zukünftig weiterhelfen.

Gerade am Beispiel Übergang wird dieser Zusammenhang deutlich: Wenn ein Kind erfolgreich aus der Familiensituation in die Kita wechselt, wächst damit seine Kompetenz, zukünftige Übergänge zu bewältigen. Aber wer würde schon sagen, dass sich das Kind damit auf den Übergang in die Schule vorbereitet ...?

Die Gegenwart hat ihren eigenen Wert – Kinder bereiten sich auf die Zukunft vor, indem sie die Gegenwart meistern.

Die Kinder stärken: Das Vertrauen in die eigenen Kräfte unterstützen

Ein pädagogisches Handeln, das den folgenden Grundsätzen verpflichtet ist, unterstützt Kinder dabei, sich zu starken und eigenständig handelnden Persönlichkeiten zu entwickeln (vgl. dazu insbesondere Wustmann Seiler 2011, S. 134 ff.).

Den Kindern etwas zutrauen

Kinder wollen eigenständig handeln. Wenn sie die Möglichkeit haben, ihren Entwicklungsvoraussetzungen angemessene Aufgaben zu übernehmen, wenn ihnen bei auftretenden Schwierigkeiten das Heft des Handelns nicht durch vorschnelle Hilfe aus der Hand genommen wird, gewinnen sie Vertrauen in die eigenen Fähigkeiten und lernen eigenverantwortlich zu handeln. Überforderungen sollten allerdings vermieden werden, sie könnten zu Versagenserfahrungen führen und das Selbstvertrauen des Kindes schwächen. Für entwicklungsangemessene Aufgaben kann das Konzept der „Zone der nächsten Entwicklung“ Orientierung bieten: Danach sollten Anforderungssituationen an den aktuellen Entwicklungsvoraussetzungen des Kindes ausgerichtet sein und gleichzeitig Grundzüge künftiger Herausforderungen enthalten (Wygotski 1972, S. 259 f.). Regelmäßige und gezielte Beobachtungen helfen, die Entwicklungsprozesse des Kindes einzuschätzen und die Anforderungen entsprechend zu gestalten.

Nichts kann den Menschen mehr stärken als das Vertrauen, das man ihm entgegenbringt. (Paul Claudel)

Wenn Kinder frühzeitig und ihren Entwicklungsvoraussetzungen angemessen an sie betreffenden Entscheidungsprozessen beteiligt werden, können sie das Gefühl entwickeln, selbstwirksam zu sein und auf den Verlauf ihres Lebens Einfluss nehmen zu können.

Übergänge haben eine Schlüsselfunktion für den weiteren Entwicklungsprozess der Kinder. Das macht es erforderlich, sie sorgfältig zu gestalten und die Kinder dabei sensibel zu begleiten.

Das Kind in seiner Individualität wertschätzen und begleiten

Vertrauensvolle und verlässliche Beziehungen helfen Kindern, Zutrauen in die Welt und in den Erfolg eigenen Handelns zu entwickeln. Wenn ein Kind erlebt, dass es in seiner Einmaligkeit wahrgenommen und wertgeschätzt wird, gelingt es ihm leichter, ein positives Bild von sich selbst zu entwickeln. Wertschätzung zeigt sich u. a. darin, dass die Erzieherin bzw. der Erzieher sich für die Besonderheiten und Vorlieben des Kindes, seine speziellen Begabungen und Neigungen interessiert. Dazu gehört auch, das Kind zu ermutigen, ihm seine Erfolge zu spiegeln und es dort fürsorglich zu unterstützen, wo es Entwicklungsbedarf zeigt. Wenn die Entwicklung des Kindes, seine Erfahrungen und Erlebnisse mit ihm gemeinsam in Lerngeschichten, Portfolios, Bildungstagebüchern etc. dokumentiert und besprochen werden, hilft ihm das zu erkennen: Das bin ich! Das habe ich gelernt, das kann ich alles! Dieses Bewusstsein stärkt seine Identität und hilft ihm, seine Existenz als sinnerfüllt zu erleben.

„Jedes Kind ist ein Kunstwerk!" (Ausspruch einer Erzieherin)

Soziale Erfahrungen unterstützen und verarbeiten helfen

Mit zunehmendem Alter bekommen die Beziehungen in der Kindergemeinschaft eine immer größere Bedeutung für das Bild des Kindes von sich selbst und von der Welt (vgl. Senatsverwaltung für Bildung, Jugend und Sport Berlin 2004, S. 19). Die Hilfe der Erzieher/innen beim Aufbau und bei der Gestaltung der Beziehungen und des Lebens in der Kindergruppe kann dazu beitragen, dass die sozialen Kompetenzen der Kinder wachsen und sie sich als wertvolle Mitglieder der Kindergemeinschaft erleben.

Wenn Beziehungen und Konflikte in der Kindergruppe thematisiert und die Kinder darin unterstützt werden, ihre Gefühle, Wünsche und Meinungen klar zum

Ausdruck zu bringen, dann hilft das ihnen, sich in ihr Gegenüber hineinzuversetzen und dessen Perspektive einzunehmen. Gefühle können dann besser verstanden, wechselnde Bevorzugungen und zeitweise Ablehnung besser verarbeitet werden. Diese Situationen werden dann als weniger verunsichernd für die eigene Person erlebt.

Strategien zur Problem- und Stressbewältigung

Entspannungsübungen, Traumreisen und ähnliche Aktivitäten können den Kindern helfen, Spannungen abzubauen und in schwierigen Situationen handlungsfähig zu bleiben. Auch das sensible Eingehen der pädagogischen Fachkraft auf das Verhalten des Kindes sowie die Ermunterung, auch negative Gefühle zum Ausdruck zu bringen, werden entlastend wirken. Schließlich kann das Vorbild der Erwachsenen unterstützen: Wenn Kinder erleben, dass die Erwachsenen im gemeinsamen Alltag ihre Gefühle äußern und sich selbst beruhigen können, wenn sie erleben, dass Entspannung und gezielte Ruhepausen helfen, schwierige Alltagssituationen zu meistern, dann werden sie dazu angeregt, diese Techniken auch selbst zu nutzen.

Das Vorbild der Erwachsenen hilft!

Für eine anregende Lernkultur in der Kita sorgen

Entscheidend dafür, ob die Kinder sich auf ihr Leben und Lernen in der Schule freuen können, ist die Lernkultur, die ihr Leben in all den Kita-Jahren bestimmt hat. Kitas und Projekte, die sich im Zusammenhang des Übergangs mit diesem Thema auseinandergesetzt haben, berücksichtigen die folgenden Grundsätze.

Das Fragen, Forschen und Entdecken der Kinder unterstützen

Kinder sind von Natur aus lernbegierig. Von Anfang an sind sie bestrebt, sich mit allen Sinnen ihre Welt anzueignen. Kinder müssen nicht zum Lernen gebracht werden; sie können gar nicht anders als zu lernen. Aufgabe der Erwachsenen ist es, sie darin nach besten Kräften zu unterstützen. Es geht darum,

- eine Umwelt zu gestalten, die zum Forschen und Fragen, Knobeln und Experimentieren herausfordert; dazu gehören vor allem eine anregende Raum- und Materialgestaltung, eine Kommunikationskultur, in der die Kinder zu Wort kommen und wichtige Themen mit ihnen besprochen und diskutiert

Kinder benötigen eine anregende Lernumgebung.

werden, und eine Alltagsgestaltung, die den Kindern genügend Zeit lässt für ihr untersuchendes Handeln und Unterbrechungen möglichst vermeidet;

- die Fragen der Kinder ernst zu nehmen und als mögliche Ausgangspunkte für gemeinsames Forschen zu nutzen (z. B. Aufgreifen in Projekten);
- den Kindern nach Möglichkeit das Handeln zu überlassen; nicht das vom Erwachsenen vorgeplante und vorgeführte Experiment, sondern das eigene Forschen und Untersuchen der Kinder schafft Erkenntnis und fördert kompetentes Handeln;
- sich selbst als Lernende bzw. Lernender zu verstehen und mit den Kindern eine Forschergemeinschaft zu bilden; eine Erzieherin, die den Kindern auf jede Frage eine fertige Antwort gibt, bietet keinen Raum dafür, selbst aktiv zu werden. Eine Erzieherin dagegen, die zugibt, die Antwort selbst nicht zu kennen und sich mit dem Kind zusammen auf die Suche danach begibt, zeigt deutlich: Es kommt darauf an zu wissen, wie man zu einer Lösung kommt und wo man dabei Hilfe findet.

Alltagssituationen als Bildungsmöglichkeiten nutzen

Kinder lernen vor allem, wenn sie ihren ganz normalen Alltag bewältigen und dabei eigene Entscheidungs- und Handlungsmöglichkeiten erproben können. Das gemeinsame Leben in der Kindertageseinrichtung bietet hierfür viele Möglichkeiten. Manchmal wird diese Chance noch nicht ausreichend genutzt: Pflege- und Versorgungsvorgänge gelten häufig eher als „notwendiges Übel"; sie sollen rationell und zügig erledigt werden, damit möglichst viel Zeit für die „eigentliche" Bildung bleibt. Damit werden wichtige Bildungsgelegenheiten verschenkt. Es lohnt sich, im Team zu überprüfen, welche Bildungspotenziale die verschiedenen Alltagssituationen bieten und wie sie genutzt werden können[4].

Der Sprachentwicklung der Kinder besondere Aufmerksamkeit widmen

Kinder sind motiviert zu sprechen, wenn sie eigene Wünsche und Absichten zum Ausdruck bringen und sich darüber mit interessierten Partnern verständigen können. Aber Sprache ist mehr als Kommunikation – Sprache ist der Schlüssel zur Welt:

Sprache ist der Schlüssel zur Welt.

„Während das Kind tätig ist und Erfahrungen mit sich, mit seinem Körper, seiner sächlichen und sozialen Umgebung und deren Versprachlichung durch seine Bezugsperson macht, entwickelt es sein Denken. Das tätige ‚Begreifen' stimuliert seine Begriffsentwicklung. Mit dem Verallgemeinern, Kategorisieren, Differenzieren von konkreten Erscheinungen in abstrakte Vorstellungen stehen dem Kind Begriffe als Denkwerkzeuge zur Verfügung, die immer komplexere und bewusstere Sprach- und Denkoperationen ermöglichen: ‚Sprache leitet das Denken an, bahnt dem Bewusstsein den Weg, verknüpft Erinnerungen in Raum und Zeit, reguliert die spontane Emotionalität, steuert die Ich-Entwicklung, macht Handlungen plan- und kontrollierbar – und Sprache tradiert das Wissen von Generation zu Generation'" (Freie und Hansestadt Hamburg, Behörde für Arbeit, Soziales, Familie und Integration 2012, S. 68).

Ausreichende Sprachkompetenz ermöglicht es den Kindern, sich anderen Kindern und Erwachsenen in ihren Empfindungen und Absichten verständlich zu machen und diese zu verstehen, sich aktiv zu beteiligen und sich in verschiedenen Bereichen neue Begriffe zu erobern.

Sprache entwickelt sich im Handeln und in der Verständigung darüber – nicht in sprachlichen Trainingsprogrammen[5]. Für eine alltagsintegrierte, ganzheitliche Unterstützung sprachlicher Bildungsprozesse brauchen die Kinder:

- vertraute, verlässliche Beziehungen: Menschen, denen sie etwas mitteilen wollen,
- anregungsreiche Räume, einen anregungs- und erfahrungsreichen Alltag in der Kindertagesstätte, die Möglichkeit, eigenständig zu handeln: Erfahrungen, über die es lohnt, zu reden,
- eine anregende, reichhaltige Kommunikations- und Gesprächskultur: Menschen, die Lust an Sprache haben und ein anregendes Sprachvorbild bieten,
- Partizipation: Erfahrungen, dass mit Sprechen etwas bewirkt werden kann.

Die gezielte Beobachtung der Sprachentwicklung im Alltag hilft, den Lernprozess eines Kindes zu verstehen und eventuelle Verzögerungen oder Störungen im Sprachentwicklungsprozess zu erkennen. Dabei sollte auch die motorische, emotionale und kognitive Entwicklung des Kindes berücksichtigt werden, denn sie wirkt auf das Sprachvermögen ein.

Besondere Beachtung sollten Kinder erfahren, die Deutsch als zweite oder dritte Sprache erwerben: Alle Bemühungen zu ihrer Unterstützung werden von dem Bewusstsein getragen, dass Mehrsprachigkeit eine kostbare Bildungsressource

Bücher anzuschauen führt Kinder in den Lese- und Schreiblernprozess.

ist und die Wertschätzung der Muttersprache die sprachliche Identität des Kindes und sein Selbstwertgefühl stärkt.

Lange bevor sie lesen können, sind Kinder an bild- und schriftsprachlichen Erzeugnissen interessiert. Erfahrungen mit Zeichen, Piktogrammen, Buchstaben und Ziffern begleiten und unterstützen die Entwicklung des abstrahierenden Denkens. Die Beschäftigung mit Geschriebenem und Gedrucktem leitet die Kinder in den Lese- und Schreiblernprozess.

2.3 Was geschieht im letzten Kita-Jahr? – Vorhaben für die Zeit vor dem Schulanfang

Wenn das letzte Jahr im Kindergarten beginnt, richtet sich der Blick von Kindern und Eltern verstärkt auf den bevorstehenden Schulanfang. Erzieher/innen stehen vor der Aufgabe, gemeinsam mit Kindern, Eltern sowie den Lehrerinnen und Lehrern der Schule den Übergang vorzubereiten und zu gestalten.

Die Kinder beteiligen: Den Übergang gemeinsam mit ihnen gestalten

Im Jahr vor der Schule gehört die Beschäftigung mit der zukünftigen Situation als Schulkind zu den wichtigsten Bildungsthemen der Kinder. Sie dabei unterstützend zu begleiten, stärkt das Vertrauen der Kinder in die eigenen Kräfte.

Die Kinder bei ihrer Recherche unterstützen

Zu wissen, wie die Realität aussieht, hilft, zielgerichtet zu handeln.

Die Kinder suchen Antworten auf ihre individuell durchaus unterschiedlichen Fragen und setzen sich im eigenen Handeln, etwa beim „Schule spielen“, mit der zukünftigen Situation auseinander. Aufgabe der Erzieher/innen ist es, die Fragen, Sorgen und Bedürfnisse der Kinder zu erkunden, feinfühlig aufzugreifen und die Kinder bei ihrer Recherche zu unterstützen. So wird ihnen geholfen, sich gezielt auf die neue Situation einzustellen, unnötige Ängste durch realistische Vorstellungen zu ersetzen und das „Heft des Handelns“ selbst in der Hand zu behalten.

Kinder, die ihre zukünftige Schule schon mal „von innen“ erlebt haben und verlässliche Informationen über das neue Lebensumfeld gewinnen konnten, werden

Das Wichtigste am Übergang ist das Wohlbefinden der Kinder.

nicht mehr alles als fremd erleben, was ihnen bei Schulanfang begegnet. Das hilft vor allem vorsichtigen, ängstlichen Kindern, ihre psychische Balance zu bewahren und die auf sie zukommenden Veränderungen zu bewältigen.

Was will ich noch erfahren, was will ich noch lernen?

Beteiligung der Kinder heißt auch, die pädagogische Arbeit an ihren Interessen und Fragen zu orientieren. Die gemeinsame Planung des letzten Jahres vor der Einschulung hilft den Kindern, sich bewusst Ziele zu setzen und auf diese hinzuarbeiten. Das unterstützt ihre Anstrengungsbereitschaft ebenso wie das Bewusstsein von den eigenen Fähigkeiten und der eigenen Arbeitsweise.

Gemeinsam den Abschied gestalten

Alle wichtigen Übergänge im Leben eines Menschen werden von Ritualen und Festen begleitet, die den Beteiligten helfen, das Erfahrene einzuordnen und zu verarbeiten. Das gilt auch für den Schuleintritt. Dieser ist eng verbunden mit dem Abschied von der Kindergartengruppe, der vertrauten Erzieherin, vom Status als Kindergartenkind. Die Kinder können sich leichter lösen und zu neuen Ufern aufbrechen, wenn sie gemeinsam mit den pädagogischen Fachkräften Situationen gestalten, die den Abschied „feiern" und bewusst verarbeiten helfen.

Eltern als Betroffene und Kooperationspartner unterstützen und einbeziehen

Ähnlich wie beim Übergang von der Familie in die Kita gilt es beim Übergang in die Schule, die Eltern sowohl in ihrer emotionalen Betroffenheit als auch mit ihren Erfahrungen, ihrem Wissen ernst zu nehmen.

Die Fragen und Sorgen der Eltern ernst nehmen

Ängstliche Eltern sind schwerlich in der Lage, ihren Kindern zu signalisieren: „Du schaffst das schon!“ Sie benötigen das Verständnis und die Unterstützung der Erzieher/innen, damit sie ihrem Kind weiterhin den Rücken stärken können. Es gilt, ihre Fragen und Sorgen ernst zu nehmen, sie zu informieren und zu beraten – zum Beispiel darüber, was ihr Kind in dieser Situation am meisten stärkt.

Eine wichtige Unterstützung bedeutet es für die Eltern, wenn sie sich sicher sein können: „Die Kita weiß, was mein Kind benötigt, um den Schuleintritt gut zu bewältigen, und tut alles Notwendige dafür.“ Diese Sicherheit lässt sich nur vermitteln, wenn die Erzieher/innen die eigene Arbeit und ihre Ziele für die Eltern transparent machen, sie selbstbewusst vertreten, aber dennoch angemessen auf die Sorgen und mögliche Bedenken der Eltern eingehen.

Die Eltern als Experten ihres Kindes in die Gestaltung des Übergangs einbeziehen

Manche Eltern wollen sich aktiv in die Gestaltung der Übergangszeit einbringen – sei es durch Ideen für die Planung von Exkursionen, durch Beteiligung an Festen, vielleicht auch durch Informationen oder Vermittlung von Kontakten – zum Beispiel, weil sie bereits ältere Kinder in der Schule haben. Beteiligungsangebote sollten nach Möglichkeit genutzt werden: Sie nützen nicht nur den Kindern, sondern gleichzeitig den Eltern selbst – denn: Beteiligung hilft, das Heft des Handelns in der Hand zu behalten.

Die Kooperation mit der Schule: Zusammenarbeit auf gleicher Augenhöhe

Die Kooperation zwischen Kita und Schule

- ermöglicht es den Kindern, frühzeitig ihre zukünftige Lebens- und Erfahrungswelt zu erkunden – eine Hilfe bei der Vorbereitung auf die neue Situation,
- hilft den Erzieherinnen und Erziehern, die Anforderungen, die in der Schule auf die Kinder zukommen, besser zu verstehen – auf dieser Basis können sie die Kinder gezielter unterstützen,

- ermöglicht es den Lehrerinnen und Lehrern, an den bisherigen Bildungserfahrungen und Interessen der Kinder anzuknüpfen – dadurch erfahren die Kinder, dass sie bereits viel Nützliches gelernt haben; Misserfolge und Enttäuschungen werden vermieden, das Selbstbewusstsein und die Lernfreude der Kinder werden gestärkt.

Allerdings: Kooperation ist nicht gleich Kooperation. Um die Kinder bestmöglich zu unterstützen, bedarf es einer Kommunikation „auf gleicher Augenhöhe", die von wechselseitiger Wertschätzung und dem Interesse an der Arbeit des jeweiligen Partners getragen wird. Solche Voraussetzungen sind nicht immer von vornherein gegeben; sie müssen häufig erst schrittweise erarbeitet werden. Kooperation bedeutet aber auf keinen Fall, dass die Kita als „Zulieferin" für die Schule verstanden wird!

Die Ziele, die sich Kita-Teams im Zusammenhang der Kooperation mit der Schule setzen, sind abhängig vom jeweiligen Stand der bereits bestehenden Zusammenarbeit. Welche Qualität die Kooperation erreichen kann, wird letztlich nicht allein von der Kita, sondern auch von ihrem Partner Schule bestimmt.

Sich kennenlernen – wechselseitiges Hospitieren

Dieser Schritt steht ohne Frage am Anfang jeder beginnenden Kooperation. Er lässt gemeinsame und unterschiedliche Voraussetzungen deutlich werden und hilft dabei, einen ersten Rahmen, erste Fixpunkte für die künftige Zusammenarbeit auszuloten. Gleichzeitig kann diese erste Kontaktaufnahme helfen, gegenseitige Vorurteile infrage zu stellen.

Gemeinsame Aktivitäten für Kinder und/oder Eltern planen

Manchmal erscheint es einfacher, eine gemeinsame Aktivität als Ausgangspunkt der Kooperation zu wählen – zum Beispiel ein Informationsabend für Kita-Eltern, der von der Erzieherin und der Lehrerin gemeinsam gestaltet wird, oder ein Besuch der Kita-Kinder in der Schule. Der Austausch über den Ablauf und Erfolg des Vorhabens bietet dann eine ungezwungene Möglichkeit, das Kennenlernen zu vertiefen. Bei den Aktivitäten kann es sich zunächst um einmalige Vorhaben handeln, wie ein gemeinsames Fest, ein Elternabend, eine gemeinsame Exkursion von Kita-Kindern und Kindern der ersten Klasse. Wenn sich Aktivitäten bewährt haben, so können sich daraus auch regelmäßige Formen der Zusammenarbeit entwickeln: die gemeinsame Nutzung der Turnhalle der Schule, regelmäßige Treffen von Kita- und Grundschulkindern zum Experimentieren, Werken etc.

Bausteine für eine gemeinsame Bildungsphilosophie entwickeln

Regelmäßige gemeinsame Aktivitäten zwischen Kita und Schule sind häufig Ergebnis oder Begleiterscheinung der Auseinandersetzung über die beiderseitigen pädagogischen Vorstellungen. Wenn Erzieher/innen und Lehrer/innen festgestellt haben, dass sie dieselben pädagogischen Ziele verfolgen, dass sie die gleiche Vorstellung vom kindlichen Lernen und dessen Unterstützung haben, dann verfügen sie über eine gute Grundlage, um gemeinsam mit den Kindern zu arbeiten und anschlussfähige Konzepte zu realisieren.

Eine gemeinsame Bildungsphilosophie ist ein anspruchsvolles Ziel – wenn man bedenkt, wie schwierig es häufig schon ist, die Vorstellungen innerhalb eines Kita-Teams abzustimmen! Realistisch betrachtet, werden es häufig eher einzelne „Bausteine" sein, auf die sich die Kooperationspartner verständigen.

Erzieher/innen aus Kitas und Lehrkräfte der Schule beschreiben den gemeinsamen Besuch von Fortbildungen als äußerst fruchtbringend für ihren wechselseitigen Lernprozess und die Intensivierung der Zusammenarbeit.

Verbindliche Absprachen treffen: Kooperationsvereinbarungen

Immer häufiger schließen Kitas und Grundschulen Vereinbarungen über ihre Kooperation im Rahmen des Übergangs. Damit möchten sie erreichen, dass die Zusammenarbeit zu einem verbindlichen und verlässlichen Bestandteil ihrer pädagogischen Arbeit wird und nicht mehr den Zufälligkeiten der aktuellen Arbeitssituation überlassen bleibt. Auch gemeinsame Kooperationskalender, die alle regelmäßig wiederkehrenden Aktivitäten im Laufe des letzten Jahres vor der Einschulung der Kinder und ihren Zeitpunkt festhalten, können diese Funktion einnehmen. Derartige Festlegungen bieten auch den Vorteil, dass es mit ihrer Hilfe leichter ist, Verlauf und Ergebnis der jährlichen Kooperationspraxis auszuwerten und auf dieser Grundlage gegebenenfalls gezielt zu verändern.

3 Handeln – Situationen gestalten

Die folgenden Praxisbeispiele zeigen, wie Erzieher/innen, Leiter/innen und Kita-Teams den Übergang in die Schule gemeinsam mit den Kindern, ihren Eltern und den Lehrerinnen bzw. Lehrern gestalten. Dabei geben ihnen die Kompetenzen, die den Kindern beim erfolgreichen Start in die Schule helfen können, und die Prinzipien, die deren Herausbildung unterstützen, durchgängige Orientierung.

3.1 Kinder bereiten sich auf den Übergang vor – Beispiele aus dem Kita-Alltag

Kinder werden nicht vorbereitet, sie bereiten sich selbst vor. Aufgabe der Erwachsenen ist es, sie dabei zu unterstützen: Es geht darum, die Kinder zu ermuntern, ihre vielfältigen Fragen, Ideen und Wünsche zum Ausdruck zu bringen, ihnen bei der Suche nach Antworten, bei der Realisierung von Bildungsinteressen zu helfen, sie in krisenhaften Situationen zu stärken.

Wir sind jetzt die Großen! – Die Dinotreffen[6]

Der Kindergarten, um den es im folgenden Beispiel geht, ist dem Konzept der Altersmischung verpflichtet und verspricht sich davon gute Entwicklungsmöglichkeiten für alle Kinder. Gleichzeitig ist es dem Team wichtig, Raum für Aktivitäten in gleichaltrigen Kindergemeinschaften zu schaffen. Das gilt vor allem für die Kinder im letzten Jahr vor ihrer Einschulung: In dieser Zeit wird das Erleben und Lernen der Kinder stark durch den bevorstehenden Schuleintritt bestimmt. Um ihnen die gemeinsame Auseinandersetzung mit ihrer Situation als älteste Kindergarten- und zukünftige Schulkinder zu erleichtern, hat es in dieser Kita Tradition, dass sich die zukünftigen Schulanfänger aller vier Gruppen – „Dinos" genannt – einmal wöchentlich in der Cafeteria der Kita zum gemeinsamen Frühstück und zu anschließenden Aktivitäten, den „Dinotreffen", zusammenfinden. Die Dinotreffen werden im Wechsel von den Erzieherinnen aller vier Kindergartengruppen begleitet.

Diese Treffen sollen es den Kindern ermöglichen, in einem für sie gewohnten und sicheren Rahmen ihre neue Situation als „Große" und als zukünftige Schulkinder aktiv mitzugestalten. Die Erzieherinnen sehen darin einen Schritt der Vorbereitung auf den Übergang in die Schule.

Die Leiterin berichtet: „Durch das Dinotreffen haben die Kinder die Möglichkeit, verstärkt altersgerechte und eigene Überlegungen, Initiativen, Entscheidungen und Wün-

sche einzubringen. Sie übernehmen mehr Verantwortung für ihren Alltag. Die Gesprächsrunden und die gemeinsamen Aktivitäten bieten den Kindern die Möglichkeit, in der altershomogenen Gruppe gemeinsame Vorstellungen von ihren individuellen Bedürfnissen zu entwickeln und Vereinbarungen zu treffen.

Bei allen bisherigen gemeinsamen Aktionen konnten wir beobachten, dass die Kinder sich in diesen Gesprächszusammenhängen anders verhielten als im Umgang mit den Jüngeren in der altersgemischten Gruppe. Dort sind sie die ‚Großen', die immer alles wissen, können und meistens bestimmen. In den altersgleichen Dinotreffen ist das anders. Hier erleben sie, dass auch andere viel wissen und können, manchmal sogar mehr und besser als sie selbst. Es ist schon sehr interessant, wie einzelne Kinder ihre Ideen einbringen, die ganze Gruppe sich darüber ‚berät' und dann eine Absprache trifft."

Hier treffen sich die Großen!

Darüber hinaus ist es das Anliegen der Erzieherinnen, die jüngeren Kinder am Entwicklungsprozess der Dinos teilhaben zu lassen. Sie ermutigen die Großen, ihre altersspezifischen Themen auch in den Alltag ihrer Stammgruppe einzubringen. Die jüngeren Kinder gewinnen so eine Vorstellung davon, was es heißt, zu den Ältesten in der Kita zu gehören und freuen sich darauf, selbst einmal ein Dino zu werden. Das erleichtert es den Kindern, auf neue Situationen positiv und offen zuzugehen.

Die Kinder reden mit

Kurz vor den Sommerferien werten Erzieherinnen und Kinder das abgelaufene Dinojahr gemeinsam aus. Die Erzieherinnen stellen den Kindern und sich die folgenden Fragen:

- Was konnten die Dinokinder bisher lernen?
- Haben die Treffen den Kindern Spaß gemacht?
- Was haben sie vermisst? Was hat ihnen nicht gefallen?
- Warum hatten einzelne Kinder zeitweise keine Lust zu den Dinotreffen?
- Lag es an deren persönlicher Situation oder an den Treffen selbst?

- Stimmen die Eindrücke und Erwartungen der Kinder mit denjenigen der Erzieherinnen überein?
- Welche Erwartungen hatten die Eltern an die Dinotreffen?

Das Ergebnis der Auswertung bestätigt, dass das Dinotreffen für die Kinder einen hohen Stellenwert hat. Sie betrachten es als „Verpflichtung“, daran teilzunehmen. Und es ist ihnen wichtig, von verschiedenen Erzieherinnen begleitet zu werden und mit allen Dinos zusammenzusein („Weil wir viel mehr Kinder kennengelernt haben und gemeinsam Dinge gemacht haben“). Entscheidend aber ist es für die Kinder, dass sie die Aktivitäten selbst planen konnten. Wenn auch nicht alles, was sie vorgeschlagen hatten, realisiert werden konnte, so haben die Kinder doch das Gefühl, die Gestaltung der Dinozeit wesentlich mitbestimmt zu haben.

Die Auswertung führt in einigen Punkten auch zu Änderungen des bisherigen Konzeptes, so soll zum Beispiel das gemeinsame Frühstück in der jetzigen Form abgeschafft werden.

Paul, sechs Jahre, meint: „Es ist toll, dass wir immer gefragt werden, und dass das auch aufgeschrieben wird.“

Die Dinokonferenzen – ein Instrument der Mitbestimmung

Zum Dinokonzept gehören die Kinderkonferenzen, die in festen Zeitabständen stattfinden. Hierfür gibt es abgesprochene Kommunikationsregeln und Rituale – so gilt zum Beispiel: Wer den „Rededino“ (ein Plüschtier) in Händen hält, hat das Wort. Auch gibt es ein gemeinsames Dinolied, das von den Kindern als Ausdruck ihrer Zugehörigkeit zur Dinogruppe gesungen wird; später wird noch ein Dinotanz hinzukommen.

Auf der ersten Dinokonferenz stellen sich die Kinder untereinander vor und berichten, aus welcher Gruppe sie kommen. Es wird beschlossen, dass alle Dinokinder bis zur nächsten Konferenz in ihren Stammgruppen Vorschläge für die Gestaltung ihrer Treffen sammeln. In den nächsten Wochen entstehen in allen vier Kindergartengruppen Wandzeitungen mit Ideen und Wünschen, für die die Kinder jeweils passende Symbole entwickelt haben.

Die Kinder stellen ihre Plakate auf der zweiten Dinokonferenz vor; aus den einzelnen Themen entsteht ein buntgemischter Katalog, aus dem die Gruppe zukünftig jeweils das Thema wählen wird, mit dem sie sich als nächstes beschäftigen will.

Themenkatalog der Kinder für die Dinozeit

- *reiten gehen, Pferde füttern*
- *den Vogelpark besuchen*
- *erfahren, wie Papier hergestellt wird*
- *mit dem Zug fahren*
- *die Polizeistation im Nachbarort besuchen*
- *zur Feuerwehr gehen*
- *die Schule und die Klassen kennenlernen*
- *besondere Bastelarbeiten herstellen*
- *einen Tanz lernen*
- *Feste vorbereiten*
- *mit einem Schiff fahren*
- *im Kindergarten übernachten*
- *einen gemeinsamen Ausflug machen (Schulanfängerausflug)*
- *ins Kino gehen*
- *backen/kochen*
- *Dinosaurier im Museum anschauen*
- *den Schulweg kennenlernen (Schulwegplan)*
- *Schultüten selbst basteln*

Auch wenn dieser Themenkatalog die Grundlage für die Planung der Dinozeit ist, so behalten es sich die Erzieherinnen dennoch vor, zusätzlich eigene Themen, die sie für die Kinder als wichtig erachten, in die Arbeit einzubringen. So steht zum Beispiel der Besuch einer Bibliothek nicht auf der Vorschlagsliste der Kinder; die Erzieherinnen wollen dennoch nicht darauf verzichten (Stichwort: Wissen, wo und wie man Wissen bezieht). Für solche, von den Kindern ursprünglich nicht gewählte Themen gilt allerdings, dass die Auswahl den Kindern einsichtig begründet werden muss und die Bearbeitung ihre Interessen und Bedürfnisse berücksichtigt – kurz: Das Thema muss bei den Kindern auf Resonanz stoßen und ihre Neugier wecken.

Jetzt machen wir unser Frühstück selbst!

Bisher bringen die Kinder ihr Frühstück von zu Hause mit, das gilt auch an den Dinotagen. Die Kinder finden diese Situation unbefriedigend. Sie möchten in der Zeit, die sie gemeinsam verbringen, etwas „Besonderes“ tun – etwas, das ihnen mehr Herausforderung bietet, als ihre Brote gemeinsam zu verzehren. Deshalb soll das gemeinsame Frühstück abgeschafft werden.

Vor dem Frühstück gehen die Kinder erst einmal einkaufen.

Das bringt die Erzieherinnen auf eine Idee: Warum sollen die Kinder ihr Frühstück an den Dinotagen nicht selbst zubereiten? Das bietet ihnen Gelegenheit, etwas „Ernsthaftes" zu tun und dabei mehr Gemeinsamkeit zu erleben als nur bei einem Frühstück in ihren Stammgruppen. Außerdem stehen Backen und Kochen ohnehin auf dem Aktionsplan der Kinder.

Die Frühstückszubereitung in eigener Regie ermöglicht es den Kindern, eigenständig, verantwortlich und verbindlich zu handeln, damit alle rechtzeitig ihren Hunger stillen können. Sie fordert Absprachen und Kompromisse in der Gruppe, damit allen Geschmäckern und Vorlieben Rechnung getragen werden kann. Viele weitere Bildungsgelegenheiten stecken in dieser Idee:

Entscheidungen treffen

- Was wollen wir wann essen?
- Was gibt es bei uns zu Hause zum Frühstück?
- Was schmeckt und ist zugleich gesund?
- Wer übernimmt welche Aufgabe?

Die Einkaufsliste vorbereiten

- Was brauchen wir und wie viel davon?
- Wo kaufen wir ein?

Der Einkauf selbst

- Wo finden wir was? Wie kommen wir oben an das Regal?
- Wie viel Geld können wir ausgeben? Was kostet wie viel? Ist das Billigere auch das Preiswertere?

Die Lebensmittel in der Kita versorgen

- Wie lagert man Lebensmittel, damit sie frisch bleiben?
- Was muss in den Kühlschrank, was besser nicht?

Zubereitung/Tischdecken/Abräumen

- Bei der Zubereitung kann vieles ausprobiert werden: Müsli, Quark, Salat, Rührei, Spiegelei, Marmelade kochen – vielleicht auch mal Brötchen selbst backen.
- Beim Tischdecken ist zu bedenken: Alle müssen Platz finden, jeder braucht einen Teller, die Speisen sollen appetitlich angerichtet sein.
- Schließlich dann den Tisch abräumen: Die Spülmaschine ist einzuräumen, die Speisereste müssen sachgerecht verwahrt werden.

Die Beschäftigung mit dem Frühstück beinhaltet ein ganzes Bildungsprogramm.

Was für ein Bildungsprogramm! Der Bogen spannt sich vom Einsatz sozialer Kompetenzen (Verantwortung übernehmen, Meinung äußern, Kompromisse schließen) über naturwissenschaftliche Erkenntnisse (Warenkunde, Backen, Kochen, Konservierungstechniken), Gesundheitserziehung, mathematische Grunderfahrungen (Mengenvergleich, Wiegen, Umgang mit Geld, Abzählen), Erfahrungen mit der sozialen Umwelt (Umgang mit Verkäufern und anderen Kunden, Speisegewohnheiten unterschiedlicher Familienkulturen kennenlernen) bis hin zu Literacy (Speisepläne, Einkaufszettel „schreiben“) und ästhetische Bildung (Anrichten, Tischdecken).

Die Kinder sind von dem Vorschlag begeistert. Nun muss nur noch die organisatorische Umsetzung geplant werden:

- Absprache mit den Eltern, dass sie den Kindern am Dinotag kein Frühstück mitgeben, dafür aber eine bestimmte Geldsumme in die Gruppenkasse zahlen.
- Absprache mit den Kindern: Wer ist wann für den Einkauf, wer für die Zubereitung zuständig? Nach erstem Ausprobieren spielt sich die Praxis ein, dass der Einkauf mit den dafür zuständigen Kindern am Vortag erfolgt und mit der Zubereitung eine halbe Stunde vor dem Dinotreffen begonnen wird.
- Absprachen im Team: Wer kann die Einkaufsgruppe begleiten? Wer übernimmt die Unterstützung der Zubereitungsgruppe?
- Absprache mit der Küche: Wo kann sie unterstützen?

Mit der Zeit erweist sich das selbst zubereitete Frühstück als so erfolgreich, dass die Erzieherinnen überlegen, es in modifizierter Form auch in den Stammgruppen umzusetzen.

Das kann ich schon – das will ich noch lernen[7]

Was wollen die Kinder lernen? Was ist ihnen aktuell wichtig? Und: Welchen Begriff haben sie von dem, was sie schon alles gelernt haben? Diese Fragen diskutieren Erzieherinnen im Rahmen ihrer Vorbereitung auf die Arbeit mit den ältesten Kindern im neuen Kita-Jahr.

Sie sind sich sicher: Jedes Kind verfolgt – mehr oder weniger bewusst – ganz persönliche, individuell unterschiedliche Bildungsinteressen. Doch haben die Kinder auch ausreichende Möglichkeiten, diese wahrzunehmen? Gelingt es ihnen, realistische Ziele zu formulieren? Schaffen sie es, diese Ziele auch gegen Widerstände systematisch zu verfolgen und Erfolge zu verbuchen? Und vor allem: Ist ihnen bewusst, was sie schon alles können? Denn zu wissen, was man kann und wie man es gelernt hat, stärkt nicht nur das eigene Selbstbewusstsein, sondern hilft auch dabei, neue Vorhaben in Angriff zu nehmen („das Lernen lernen").

Jedes Kind verfolgt seine persönlichen Bildungsinteressen.

Die Erzieherinnen beschließen: Sie wollen die individuellen Bildungsinteressen der Kinder kennenlernen und sie dabei unterstützen, ihre Ziele zu erreichen. Sie planen, die Kinder im Rahmen eines Bildungsinterviews danach zu fragen (im Folgenden vgl. auch Stellwag 2008, S. 24 f.).

Nach den Sommerferien setzen sich die ältesten Kindergartenkinder in Kleingruppen zusammen. Jedes Kind soll zwei Fragen beantworten:

1. Was hast du schon gelernt?
2. Was möchtest du noch lernen, bevor du in die Schule kommst?

Während eine Erzieherin das Gespräch mit dem Kind führt, schreibt eine zweite nach Möglichkeit alle Aussagen mit. Die Kinder sind erstaunt, zu diesen Fragen interviewt zu werden. Einigen fallen gleich Antworten ein, bei anderen dauert es etwas länger. So kommen einige Kinder noch nach Tagen mit dem Satz an: „Mir ist noch was eingefallen, was ich gelernt habe. Kannst du das noch auf mein Blatt schreiben?“

Die Antworten der Kinder verwundern die Erzieherinnen. Teilweise sind es scheinbar ganz banale Dinge, die sie wissen oder lernen wollen, wie zum Beispiel selbstständig zu telefonieren. Vor allem Jan, ein Integrationskind, sorgt für Überraschung. Niemand hat damit gerechnet, dass er so detailliert auf die Fragestellung antworten kann. Ganz klar hat er benannt, was er schon gelernt hat: trinken, auf Toilette gehen, gut und laut schnipsen ...

Der persönliche Bildungsplan von Dogan (sechs Jahre)

Was hast du schon gelernt, was kannst du gut?

- *minus und plus rechnen*
- *alleine schaukeln*
- *ein bisschen Fahrrad fahren*
- *etwas basteln*
- *malen*
- *meinen Namen schreiben*
- *Sandburgen bauen*
- *mit meinen Freunden spielen*
- *meine jüngere Schwester anschaukeln*
- *alleine Computer spielen*
- *aufräumen in meinem Zimmer*
- *alles machen, was die Mama sagt*
- *bei Oma und Opa habe ich Freunde gefunden*
- *mit Besteck essen, wenn ich vom Kindergarten nach Hause komme*
- *draußen spielen*
- *alleine den Fernseher bedienen*
- *meine Kleidung an- und ausziehen*

- *alleine wippen und rutschen*
- *ein bisschen Bücher lesen*
- *Apfel schneiden*
- *kaputte Dinge reparieren*

Was möchtest du noch machen, bevor du in die Schule kommst?

- *alleine Gurke schneiden*
- *die Leute richtig grüßen*
- *besser malen*
- *eine Brille aufsetzen*
- *dass ich mich in der Schule richtig hinsetzen kann*
- *einen Schneemann bauen*
- *ein schwieriges Puzzle machen*
- *das ABC lernen*
- *gute Freunde finden*
- *groß werden*
- *in die Eisenbahn steigen*

Die „Bildungspläne" haben die Erzieherinnen mit Erlaubnis der Kinder öffentlich ausgehängt. Das ganze Jahr über bleiben sie im Gruppenraum, damit alle sie im Auge behalten können. Kinder und Erzieherinnen haben dann gemeinsam besprochen und geplant, wie und wann die einzelnen Vorhaben in die Tat umgesetzt werden sollen. Manche werden im Rahmen gemeinsamer Projekte und Aktivitäten eingeplant, andere individuell von den einzelnen Kindern realisiert. Bei Überschneidungen der persönlichen Ziele können sich verschiedene Kinder zusammentun und gemeinsam arbeiten. Manchmal helfen einzelne Kinder anderen bei ihren Vorhaben, weil sie bereits über die gewünschten Kompetenzen verfügen. Um sicher zu sein, dass im Verlauf des Jahres nichts vergessen wird, haben die Erzieherinnen mit den Kindern einen Zeitplan erarbeitet und die Termine für die verschiedenen Aktivitäten im Gruppenkalender festgehalten.

Die persönlichen Bildungspläne der Kinder werden auch von den Eltern mit großem Interesse wahrgenommen. Es ist schön zu beobachten, wie manche Mütter oder Väter über die Äußerungen ihres Kindes staunen. Schöne Gespräche sind daraus entstanden – zwischen Kindern und Eltern, zwischen den Kindern sowie zwischen Kindern und Erzieherin.

Auswertung der Erzieherinnen: Was hat die Arbeit mit den persönlichen Bildungsplänen der Kinder gebracht?

- Die Kinder werden durch das Bildungsinterview angeregt, sich ihre Lerninteressen bewusst zu machen und darüber nachzudenken, wie sie ihre Ziele praktisch erreichen können. Dadurch stärken sie ihre lernmethodische Kompetenz.
- Die Präsentation ihrer persönlichen Ziele und deren Wertschätzung durch die Kindergruppe und die Erzieherinnen stärkt das Selbstbewusstsein der Kinder.
- Gleichzeitig werden sie durch die Diskussion angeregt, sich realistische Ziele zu setzen und (notwendige) Kompromisse zu schließen.
- Die Erzieherinnen haben die Möglichkeit, die Kinder bei auftretenden Schwierigkeiten im Verfolgen ihrer Ziele, in ihrem Durchhaltevermögen zu unterstützen.
- Die Kinder erleben, dass sie ein selbst gesetztes Ziel erreichen können – das stärkt ihr Bewusstsein von der eigenen Wirksamkeit.

Die Arbeit an den persönlichen Bildungszielen stärkt das Selbstbewusstsein, die lernmethodische Kompetenz und das Durchhaltevermögen der Kinder.

Was wir über die Schule wissen wollen – Kinder erkunden ihren künftigen Lebensraum[8]

Was wissen die Kinder über das, was sie in ihrem zukünftigen Lebensraum Schule erwartet? Welche Vorstellungen, Hoffnungen und Ängste beschäftigen sie? Diese Fragen sind den Erzieherinnen wichtig. Sie möchten mehr darüber erfahren, was die Kinder umtreibt. Denn nur so können sie ihnen helfen, verlässliche Informationen zu erhalten und unnötige Sorgen über Bord zu werfen. Auch wenn dadurch das Bild von der Schule vielleicht etwas getrübt wird: Für Kinder ist es erleichternd, sich eine realistische Vorstellung von der Situation, die auf sie zukommt, machen zu können. Denn dann wissen sie, auf welche Schwierigkeiten sie sich einstellen müssen und welche ihrer Sorgen unnötig sind.

Was meinst du, wie es in der Schule ist?

Das möchte ich gerne in der Schule machen:

Ich möchte in der Schule … lesen lernen, … lernen zu rechnen. Ich möchte in der Schule lernen, Häuser zu malen.

Worauf ich mich in der Schule freue?

Dass ich meine Schulranzen hab' und ich endlich in die Schule darf.

Was passiert in der Schule?

In der Schule passiert, wenn die Schullehrerin sauer wird, geht man vor die Tür und dann, wenn es wieder geht, kommt man wieder rein.

Meine Freunde erzählen, dass …

Ich war doch noch gar nicht in der Schule und meine Freunden auch nicht.

Meine Mama, mein Papa, mein Opa und meine Oma erzählen von ihrer Schulzeit, dass …

Nix. Auf der Schule. Meine Eltern und alle waren noch nicht in der Schule.

Was mir ganz wichtig ist, wenn ich in die Schule komme?

Also mir ist ganz wichtig, dass ich früh komme, dass ich pünktlich bin.

Das möchte ich gerne in der Schule machen:

Lernen.

Worauf ich mich in der Schule freue?

Dass jeder nett ist. Sonst auf gar nix.

Was passiert in der Schule?

Dass jeder frech ist, nur die Kinder. Dass jeder laut ist, man darf nicht laut sein. So verdient man wirklich keine 1+.

Meine großen Geschwister erzählen, dass …

… E. geheult hat. Als ich zum Schulfest gegangen bin, haben mich alle ausgelacht. Bei die offene Tür, und ich fand das nicht schön, und ich fand das peinlich.

Meine Mama, mein Papa, mein Opa und meine Oma erzählen von ihrer Schulzeit, dass …

Oma und Opa waren beim Schulfest. Außerdem erzählen sie, dass die schlau sind. Mama und Papa waren nicht in der Schule. Die sind gleich schlau zur Welt gekommen.

Was mir ganz wichtig ist, wenn ich in die Schule komme?

Dass niemand mein Schulessen vergisst … dann muss ich verhungern.

Ein Rundgang durchs Schulhaus

Eine Erzieherin berichtet: Die Schule, die von den meisten unserer Kinder besucht wird, liegt in unmittelbarer Nähe der Kita und ist den Kindern längst nicht mehr fremd. Oft beobachten sie das Treiben auf dem Schulhof und freuen sich, wenn sie dabei ihre älteren Geschwister oder ehemalige Kita-Kinder wiedererkennen. Auch die Turnhalle kennen sie, weil sie da seit einiger Zeit wöchentlich zum Sport gehen. Unseren Plan, die Schule mit den Kindern zu besuchen, haben wir bereits mit der Schulleiterin abgesprochen; ebenfalls abgesprochen ist, dass die Kinder selbst sie anrufen, um mit ihr einen Termin für unseren Besuch auszumachen. Es ist uns wichtig, dass die Kinder möglichst eigenständig agieren.

Der Anlass für den Start des Vorhabens kommt von den Kindern. Sie wollen Schule spielen. Aber irgendwie kommt ihr Spiel nicht recht in Gang. Es wird deutlich, dass die Kinder unsicher sind, wie sie das Spiel gestalten sollen. Teilweise kommt es zu Kontroversen, da sie unterschiedliche Vorstellungen darüber haben, wie es wirklich in der Schule zugeht: Darf nur die Lehrerin an die Tafel schreiben? Ist es erlaubt, während des Unterrichts auf die Toilette zu gehen? Was machen die Kinder in der Pause? Im Gespräch werden die Vorstellungen und Fragen der Kinder immer deutlicher:

- *Wie komme ich eigentlich in die Schule rein, wenn die große Tür zu ist?*
- *Wo kann man in der Schule zu Mittag essen?*
- *Ist es schlimm, wenn man etwas nicht richtig weiß?*
- *Ich weiß schon, wie meine Lehrerin aussieht. Die Jacke ist außen grau und innen schwarz.*
- *Was muss ich in die Schule mitnehmen?*
- *Wie lange geht eine Unterrichtsstunde?*
- *Meine Mutti hat gesagt, Mathe ist schwer.*
- *Muss man in der Pause immer auf den Hof, auch wenn's regnet?*
- *Wenn man etwas sagen will, muss man mit dem Finger aufzeigen.*

Wir schlagen vor, der Schule einen gemeinsamen Besuch abzustatten, damit sich die Kinder so die gewünschten Informationen verschaffen können. Die Idee stößt auf große Zustimmung. Unserer Anregung, dass sie selbst telefonisch einen Termin vereinbaren sollen, begegnen die Kinder allerdings zunächst mit Zurückhaltung: Wie sollen sie das anstellen? Wir besprechen dann, was alles gesagt werden muss und wie sie ihr Anliegen am besten zunächst der Sekretärin und dann der Schulleiterin vermitteln können. Mehrere „Probetelefonate" werden durchgeführt. Schließlich übernimmt Clara die Aufgabe des Anrufs, die übrigen Kinder hören ihr gespannt zu. Da wir Erzieherinnen in der Schule „vorgearbeitet" haben, gelingt es Clara, einen Termin abzusprechen. Stolz verkündet sie uns das Ergebnis.

Am verabredeten Tag begleitet uns die Schulleiterin bei unserem Rundgang durchs Schulgebäude. Geduldig beantwortet sie die vielen Fragen der Kinder. So macht sie gleich an der Eingangstür auf den Drücker aufmerksam, den die Kinder betätigen können, wenn die Tür abgeschlossen ist. Wir besichtigen die Cafeteria, in der die Schulkinder zu Mittag essen.

„Da war silbernes Besteck in blauen Körbchen. Das Essen holt man sich selbst an der Ausgabe, und essen kann man an den vielen Tischen“, erzählt ein Kind später seiner Mutter.

Die Kinder sehen sich auch die Toiletten an, für viele eine ganz wichtige Sache. Die Kinder finden: „Es stinkt ein bisschen“ und halten sich die Nasen zu. Die Schulleiterin zeigt uns dann das Sekretariat, in dem die Kinder die freundliche Sekretärin kennenlernen, mit der Clara bereits telefoniert hat. Auch ins Lehrerzimmer können wir einen Blick werfen und den großen Mehrzweckraum besichtigen. Die Flure sind teilweise mit vielen Bildern und Fotodokumentationen ausgestaltet, in einigen Nischen gibt es Sitzecken. Das veranlasst die Kinder zu dem Ausruf: „Das ist ja wie bei uns!“ Hier lernen sie auch den Hausmeister kennen, der gerade die Flurbeleuchtung repariert. Schließlich schauen wir uns noch die Räume des Schulhortes an, für den einige unserer künftigen Schulkinder bereits angemeldet sind.

Am wichtigsten für die Kinder ist allerdings die Besichtigung eines gerade nicht benutzten Klassenraumes. Hier schauen sie sich genau um und wollen am liebsten sofort mit dem Schulespielen beginnen. Das Geschehen im Klassenzimmer scheint die Kinder am meisten zu beschäftigen. Abschließend nehmen wir den Schulhof in Augenschein. Da ertönt die Klingel und die Kinder sind mittendrin im Pausenleben. Sie freuen sich, einige ehemalige Kita-Kinder zu sehen. Wir verabschieden uns von der Schulleiterin und vereinbaren, dass die Kinder demnächst zu einer Unterrichtsstunde eingeladen werden.

Unterrichtsatmosphäre schnuppern

Der Unterrichtsbesuch ist für die Kinder ein Erlebnis, dass sie im Nachhinein noch stark beschäftigt. Später berichten sie davon:

„Die Schulkinder hatten für uns Stühle bereitgestellt. Zur Begrüßung haben sie ein Lied gesungen, das kannten wir aber schon. Sie haben uns die Bilder erklärt, die dort an den Wänden hängen. Dann zeigten sie uns, was sie alles in ihren Schultaschen haben und wozu man das braucht. Solche Mappen und Stifte kennen wir ja schon aus der Kita. Danach sind wir alle in einen Raum gegangen, der sah so ähnlich aus wie unsere Forscherecke in der Kita, nur größer. Dort haben wir zusammen mit den Schulkindern Experimente mit Wasser und Knete gemacht ... Die Stunde war ganz schön lang, aber wir mussten ja nicht die ganze Zeit stillsitzen, deshalb war es gar nicht anstrengend."

Sehr beeindruckt hat die Kinder, dass die Schulkinder die Hand heben, wenn sie etwas sagen wollen: „Bei uns klappt das noch nicht so gut, jedes Kind will zuerst drankommen, und dann reden alle durcheinander. Das müssen wir noch üben."

Pausenerlebnisse

Da die Grundschule gleich neben der Kita liegt, gehen wir nach unserem ersten Besuch so oft wie möglich mit den ältesten Kindern auf den Pausenhof. Denn auch die Pausensituation ist für sie ungewohnt und wird sie mit neuen Anforderungen konfrontieren. Die Kinder stellen schnell fest: Während sie bei uns in der Kita zu selbst gewählten Zeiten im Außengelände spielen können, ist das in der Schule nur zu bestimmten Zeiten und für einen festgelegten Zeitraum möglich. Durch den Besuch der Pausen erfahren die Kinder, dass sie in der Schule ein anderer Zeitrhythmus erwartet. Manchmal verbringen wir die Zeit einer Schulstunde auf dem Pausenhof der Grundschule und erwarten so die nächste Pause.

Eine der vielen Herausforderungen für frischgebackene Schulkinder: das Leben nach der Uhr

Außerdem erleben die Kinder auf dem Pausenhof, dass sie hier nicht „die Großen" sind. Das bedeutet für sie, die sich gerade mit der Rolle als älteste Kita-Kinder vertraut gemacht haben, dass sie sich schon wieder auf eine neue Rolle einstellen müssen –, denn in der Schule werden sie auf absehbare Zeit „die Kleinsten" sein. Das schafft zunächst Verunsicherung. Umso mehr freuen sich die Kinder, wenn sie in der Pausensituation auf ältere Geschwister oder ehemalige Freunde aus der Kita treffen.

In der Schule sind die ehemals „Großen" plötzlich wieder die „Kleinen".

Wieder zurück im Alltag der Kita zeigen uns die Kinder deutlich, wie ihre Pausenerlebnisse sie innerlich beschäftigen. Wir helfen ihnen, diese Erlebnisse in Gesprächen, bei Buchbetrachtungen und anderen Aktivitäten zu verarbeiten.

Fragen wir doch die Schulkinder!

Eine Erzieherin berichtet: Inzwischen haben die Kinder eine Menge an Informationen über ihre künftige Lebenssituation gesammelt. Aber: Je mehr sie über die äußeren Gegebenheiten des Lebens und Lernens in der Schule wissen, desto stärker wird ihr Bedürfnis zu erfahren, wie es den Schulkindern damit ergeht.

Nicht alle Kinder haben eine ältere Schwester oder einen älteren Bruder, die sie nach ihren Erlebnissen in der Schule fragen können. Und teilweise gibt es auch sehr beunruhigende Aussagen. Das Bild der Kinder von der Schule wird allmählich realer: Womöglich kommen da auch Schwierigkeiten auf uns zu – eine strenge Lehrerin, komplizierte Aufgaben, Prügeleien auf dem Schulhof ...? Vorfreude und Ängstlichkeit, Mut und Zaghaftigkeit beginnen sich zu vermischen.

Uns ist es wichtig, dass die Kinder sich auch mit den schwierigen Seiten des künftigen Schullebens auseinandersetzen können. Denn eine schöngefärbte Vorstellung von der Wirklichkeit kann recht schmerzhaft zerbrechen. Deshalb schlagen wir Erzieherinnen vor, die ehemaligen Kita-Kinder, die jetzt die erste Klasse der Grundschule besuchen, einzuladen, um sie über ihre Erfahrungen zu befragen. Die Kinder greifen den Vorschlag begeistert auf. Gemeinsam formulieren sie eine Einladung, wir notieren alles mit. Die Einladung wird verschickt, die Kinder beteiligen sich selbst am Eintüten und verzieren die Briefe noch mit eigenen Zeichnungen.

Die Einladung ist erfolgreich. Und so sitzen zum vereinbarten Termin ehemalige Kindergarten- und zukünftige Schulkinder bei Kakao und Kuchen zusammen. Nachdem die Schulkinder ihre frühere Wirkungsstätte inspiziert und die Kita-Kinder ihnen sämtliche Veränderungen gezeigt haben, setzen sich alle in einen Stuhlkreis. Ich eröffne das Gespräch: „Wir wollen von euch wissen, ob es euch in der Schule gefällt?“ Ein reger Austausch zwischen den Kindern beginnt:

Ich gehe gerne zur Schule, mir macht Lernen Spaß.
Mir gefällt es nicht so gut, vor allem, wenn meine Lehrerin schlechte Laune hat. Sie hat mal gute und mal schlechte Tage.

In der großen Schule muss man sich erst mal zurechtfinden.

Kannst du schon richtig schreiben?
Ja, ich kann schon sehr gut schreiben.

Ist Rechnen leicht oder schwer?
Am Anfang war es ganz schön schwer, aber jetzt geht es.

Ich möchte mal wissen, ob man sich in der Schule haut und beißt.
Das kommt manchmal vor … Es gibt Kinder, die hauen andere gerne.

Was passiert, wenn man das Turnzeug vergessen hat?
Da geht die Lehrerin in einen Raum, wo schlumpiges Turnzeug liegt und sucht für uns was raus.
Manchmal müssen wir auch an der Seite sitzen und zugucken.

Was macht man, wenn man mal auf die Toilette muss?
Da musst du dich melden, und dann kannst du gehen. Aber du musst leise rausgehen und leise wieder reinkommen, damit du den Unterricht nicht störst. Besser ist es aber, du gehst in der Pause.
Meine Schwester hat eine Lehrerin, die schlägt mit dem Schlüssel auf den Tisch. Machen das eure Lehrerinnen auch so?
Nein, das macht hier niemand.
Sind eure Lehrerinnen hübsch und nett?

Ja, eigentlich sind alle irgendwie hübsch. Na, hübsch nicht unbedingt, aber freundlich und klug. Sie müssen vor allem gut erklären können.

Habt ihr euch am Anfang verlaufen?
Klar, da sind lange Gänge und viele Türen. Aber verlaufen wirst du dich nicht.
Kann ich im Büro von der Schulleiterin auch mal telefonieren – wie in der Kita?
Das kann man da nicht.

Ich habe eine Milchallergie. Gibt es auch Tee?
Da musst du ein Trinkpäckchen von zu Hause mitbringen. In der Schule gibt's keinen Tee.

Was wir Erwachsene den Kindern über die Schule mitteilen, trifft womöglich überhaupt nicht ihren Nerv.

Plötzlich bricht das Gespräch ab. Die Kinder sind offensichtlich erschöpft und müssen das Gehörte erst einmal in Ruhe verarbeiten. Das gilt auch für uns Erwachsene! Wir sind erstaunt, welche Fragen die Kinder wirklich bewegen – Dinge, auf die wir selbst nie gekommen wären.

3.2 Sichere Eltern – sichere Kinder: Erziehungspartnerschaft im Übergang zur Schule

Die folgenden Praxisbeispiele zeigen, wie Kindertagesstätten die Eltern im Zusammenhang des Übergangs unterstützen können. Deutlich wird: Akzeptanz und Ernstnehmen der Wünsche, Sorgen und Erfahrungen der Eltern sind ebenso wichtig wie Transparenz der eigenen Arbeit, Verständigung über das, was das Kind stärkt und Informationen über das, was die Kinder in der Schule erwartet. Und: Eltern gewinnen Sicherheit, wenn sie feststellen, dass Kita und Schule kooperieren.

Entwicklungsgespräche schaffen Klarheit

Die Kita liegt in einem innerstädtischen Einzugsbereich, der von starken baulichen und sozialen Gegensätzen bestimmt ist. Sie wird von Kindern aus Familien besucht, deren Lebenssituationen sich in Bezug auf Sprache, religiöse Zugehörigkeit, soziale und wirtschaftliche Verhältnisse sehr unterscheiden. Die Vielfalt der

Familienkulturen spiegelt sich auch in einem weiten Spektrum von Familienformen wider.

Wie erleben die Eltern in dieser Kita den bevorstehenden Schulbesuch ihrer Kinder? Was kann das Kita-Team tun, um möglichst allen Eltern die Sicherheit zu geben, die sie benötigen, um ihr Kind in der Übergangssituation wirksam zu unterstützen?

Die Leiterin berichtet: „Unserer Erfahrung nach haben alle Eltern, egal aus welcher sozialen Situation und mit welchem Bildungshintergrund, ein starkes Interesse daran, dass ihr Kind gut lernt und einen erfolgreichen Bildungsweg durchläuft. Wir erleben allerdings, dass die Eltern sehr unterschiedliche Möglichkeiten haben, ihr Kind zu unterstützen. Und dass Eltern, die als Kinder selbst schlechte Erfahrungen mit Schule gemacht haben, manchmal sehr unsicher sind, ob ihr Kind den schulischen Anforderungen gewachsen sein wird – und diese Unsicherheit hat wiederum Auswirkungen auf das Kind. Der Schulanfang wirft auch bei den Eltern unserer Kita seine Schatten voraus. Das merken wir unter anderem an dem zum Ende der Kita-Zeit hin wachsenden Wunsch nach Entwicklungsgesprächen."

Regelmäßige Gespräche zwischen Erzieherin und Eltern über die Entwicklung ihres Kindes sind ein fester Bestandteil unserer Zusammenarbeit. Die Erzieherin lädt die Eltern mindestens einmal pro Jahr hierzu ein. Die Eltern haben aber auch jederzeit die Möglichkeit, selbst um ein Entwicklungsgespräch zu bitten – und das kommt im Jahr vor der Einschulung eben häufiger vor.

Regelmäßige Beobachtung und Dokumentation als Grundlage der Gespräche

Entwicklungsgespräche brauchen eine solide Grundlage, wenn sie zu hilfreichen Ergebnissen führen sollen. In unserer Kita ist es Praxis, dass alle Kinder regelmäßig alle zwei Monate von ihrer Bezugserzieherin beobachtet werden. Mit den Beobachtungen wollen wir einerseits Näheres über die Interessen, Themen und Wünsche der Kinder erfahren und andererseits einen genaueren Einblick in ihre Entwicklung gewinnen.

Wir unterscheiden drei Möglichkeiten von Beobachtungen bzw. Dokumentationen: die Einzelbeobachtung, individuelle Lerngeschichten und Lerngeschichten, die mehrere Kinder in einer Gruppensituation betreffen. Die Erzieherinnen entscheiden selbst, welche Form sie wählen.

Die Lerngeschichten werden den Kindern vorgelesen, und was sie in diesem Zusammenhang äußern, wird ebenfalls schriftlich festgehalten. Die Kinder lieben es, Lerngeschichten zu erhalten, sie fordern sie vehement ein. Jedes Kind hat sein eigenes Entwicklungsbuch. Dort werden die Lerngeschichten und Beobachtungsprotokolle – zusammen mit anderen Dokumentationen und Produkten des Kindes – gesammelt. So hat die Erzieherin – wenn ein Entwicklungsgespräch ansteht – sehr viel und differenziertes Material zur Verfügung, um den Eltern Einblick in ein Jahr Entwicklung ihres Kindes zu geben.

Lieber Daniel, *19.12.2012*

heute bist du für längere Zeit mit Lars in unserem Forscherraum gewesen und hast dich mit dem dort ausgestellten Gebiss, dem Schädel und verschiedenen anderen Dingen beschäftigt.
Ich habe beobachten können, welche verschiedenen Möglichkeiten du gefunden hast, um die Zähne im Gebiss genauer zu untersuchen und zu putzen. Dabei hast du zunächst – als ob du ein Zahnarzt wärst – eine Spritze gegeben. Du hast dazu einfach ein Zeichendreieck in eine Spritze umfunktioniert, eine gute Idee. Als du dann genauer nachsehen wolltest, ob noch ein Loch im Zahn wäre, hast du eines unserer Ferngläser genommen und es in verschiedene Richtungen gedreht: „Da ein Loch, und noch ein Loch." Nun hast du auch noch die Zahnbürste genommen und die Zähne des Gebisses geputzt.
Du wolltest offensichtlich gerne, dass Lars mit dir mitspielt, der hat sich aber gerade Urlaubsfotos von Verona angeschaut. Du hast immer wieder zu ihm hingeschaut und versucht, ihn für deine Spielidee zu interessieren: „Ein Loch, guck ein Loch wächst." Und weiter: „Ich habe aus Spaß den Zahn rausgemacht." Dabei hast du so getan, als hättest du einen Zahn gezogen. Aber Lars hat sich bei seinen Fotos nicht stören lassen.
Plötzlich findest du einen Zahn in dem Schädel. Freudig erregt zeigst du ihn mir. „Wo fehlt ein Zahn?" Du suchst und findest die Lücke und steckst den Zahn dort wieder rein. Du freust Dich: „Nun hat er einen neuen Zahn gekriegt. Zwölf Zähne. Kannst jetzt gut beißen. Und nu wird geputzt." Mit einem Blick zu unserer großen alten Uhr hast du dann festgestellt: „Es ist 16 Uhr und wir machen zu." Es folgte die Obstpause.
Danach hast du dein Spiel wieder aufgenommen und dich dem Dinosaurier zugewandt: „Jetzt guck ich mir mal den Dino an, ob er auch was hat." Du hast zu dem Dino gesprochen: „Oh, du hast Zahnschmerzen. Leg dich mal hier hin." Du hast ihm (wieder mit dem Dreieck) eine Spritze gegeben und dich gefreut:

„Oh, das macht Spaß.“ Dann hast du ihm die Zähne geputzt. Mit einem Maßband hast du die Zahnreihe genau nachgemessen und dabei zu Lars geschaut, der sich aber immer noch mit den Dias beschäftigte. Nun hast du mich gefragt, ob ich noch ein Buch von Zähnen hätte und dich gefreut, als ich dir eins geben konnte. Du hast dich mit dem Buch vor den Dino gesetzt und mit verstellter Stimme die Bilder des Buches „vorgelesen“, wie zum Beispiel: „Nach dem Essen musst du sauber putzen.“ Als Dino hast du dann immer geantwortet: „O. K.“ Das war sehr lustig.

Lieber Daniel, als ich dir so zugesehen habe, war ich erstaunt, was du schon alles über die Zähne weißt. Du hast dich lange und intensiv mit diesem Thema beschäftigt. Du wolltest gerne Lars für dein Spiel gewinnen. Du hast es mehrmals versucht und ihn freundlich angesprochen. Als Lars sich nicht darauf eingelassen hat, hast du dich dennoch nicht von deinem Vorhaben abbringen lassen und dir einen neuen Spielpartner gesucht, den Dino.
Du weißt auch, dass man aus Büchern noch mehr Informationen bekommen kann. Besonders aufgefallen ist mir, wie gut du sprechen konntest, mit dir selbst, mit Lars und mit dem Dino.
Beim Messen warst du besonders genau. Du hast Uhren ins Spiel mit einbezogen und Uhrzeiten genannt. Hast du schon eine eigene Uhr?
Mir ist schon öfter aufgefallen, wie sehr du dich für alles interessierst, was mit dem Körper von Menschen und Tieren zu tun hat.

Deine Sabine

Das Entwicklungsgespräch wird vorbereitet

Bei der Terminabsprache achten wir darauf, dass möglichst beide Elternteile an dem Gespräch teilnehmen können. Auch der äußere Rahmen ist uns wichtig: Das Gespräch soll in angenehmer räumlicher Umgebung und in einer ruhigen, ungestörten Situation stattfinden. Die Erzieherin, die das Gespräch führt, bereitet sich vor, indem sie auf der Grundlage aller seit dem letzten Gespräch gesammelten Dokumentationen einen Entwicklungsbericht verfasst. Hierfür haben wir einen sehr differenzierten Fragenkatalog entwickelt, der sämtliche Entwicklungs- und Bildungsbereiche berücksichtigt. Außerdem wird das Entwicklungsbuch bereitgelegt.

Ablauf und Gestaltung des Gesprächs

Das Entwicklungsgespräch stellt für uns die Möglichkeit dar, uns konzentriert und in Ruhe auf eine Familie und ihr Kind einzulassen. Es ist unser zentrales Anliegen, dass wir mit den Eltern in einen ernsthaften Austausch kommen und sie ihre Erfahrungen, Vermutungen und Bedenken gleichberechtigt einbringen. Das Gespräch dauert in der Regel eine Stunde – manchmal wird aber auch mehr Zeit benötigt. Es gibt Situationen, in denen die Erzieherin von vornherein zwei Stunden einkalkuliert.

Nach der Begrüßung geht es zunächst immer um die Fragen und Themen der Eltern. Sie werden eingeladen zu äußern, was sie beschäftigt, was sie wissen wollen. Dann benennt die Erzieherin, worüber sie reden möchte. Die Kunst besteht nun darin, die Anliegen so zu formulieren, dass sie mit den Themen der Eltern in Bezug gebracht werden können. Das erfordert eine gründliche Vorbereitung und sehr viel Einfühlungsvermögen in die Sorgen und Wünsche der Eltern. Ansonsten kann es leicht passieren, dass Erzieherin und Eltern aneinander vorbeireden und die Eltern sich in ihrem Anliegen nicht angenommen fühlen.

Vor allem sollen die Eltern reden, nicht wir Erzieherinnen!

Wir haben in der Kita einen Leitfaden für die Vorbereitung und Gestaltung von Entwicklungsgesprächen erarbeitet, der auch Aussagen zu dem angestrebten Gesprächsklima und zu wichtigen Gesprächsregeln enthält: So sollte zum Beispiel vor dem Gespräch bedacht werden, welche Erfahrungen die Eltern und wir bisher miteinander gemacht haben und in welcher Situation die Eltern sich momentan befinden. Im Gespräch ist auf die Körpersprache, Gestik und Mimik des Gegenübers zu achten. Wir gestehen den Eltern zu, dass sie als Betroffene auch emotional reagieren können. Die Erzieherin ist die Fachkraft, die das einkalkulieren und damit umgehen können muss.

Aussagen zum Entwicklungsprozess des Kindes werden immer mit Beobachtungen belegt – das verhindert Missverständnisse. Positives wird hervorgehoben. Kritische Situationen und Verhaltensweisen sollen konkret beschrieben werden. Wir streben immer an, gemeinsam nach Möglichkeiten für die Unterstützung des Kindes zu suchen:

Die Mutter von Can umsorgt ihren fünfjährigen Sohn liebevoll. Wenn sie ihn bringt oder abholt, zieht sie ihn aus und an, sie bindet ihm die Schuhe zu, sorgt dafür, dass sein Rucksack gepackt ist, schraubt ihm die Trinkflasche auf …

Im Entwicklungsgespräch spricht die Erzieherin diese Situation an. Da das Gespräch um das Thema der bevorstehenden Einschulung von Can kreist, fällt es der Erzieherin leicht, einen Zusammenhang mit ihren Beobachtungen herzustellen. Mutter und Vater erklären das behütende Verhalten: Der Junge ist das „Nesthäkchen" der Familie. Seine beiden Schwestern sind erheblich älter, was dazu führt, dass die ganze Familie „den Kleinen" verwöhnt. Der wiederum lässt alle Familienmitglieder gerne „nach seiner Pfeife tanzen"… Der Hinweis der Erzieherin wird von den Eltern so nicht als unberechtigte Kritik oder Angriff aufgenommen; sie sind durchaus in der Lage, die Situation in der Familie distanziert und mit leichter Ironie darzustellen und darüber zu lächeln. So fällt der Vorschlag der Erzieherin, Can das Handeln mehr selbst zu überlassen, auch auf fruchtbaren Boden.

Kooperation zwischen Kita und Schule gibt Eltern Sicherheit

Im Einzugsbereich der Kita leben Familien aus sehr unterschiedlichen sozialen und ökonomischen Verhältnissen. Ein erheblicher Anteil der Kinder hat einen Migrationshintergrund. Es gibt viele arme Familien, „aber auch eine akademisch gebildete, wortgewandte und an der Bildung ihrer eigenen Kinder höchst interessierte Gruppe ‚neuer Eltern', die das urbane Leben schätzen und an den besonderen Entwicklungschancen dieser Stadt aktiv teilhaben. Unter dem Eindruck der wachsenden Unsicherheiten unseres Wirtschaftssystems, das auch den gebildeten Mittelschichten keinerlei Wohlstandsgarantien auf Dauer mehr bietet, sorgen sie sich sehr um ihre Kinder, für deren Bildung kein Angebot gut genug sein kann" (Ramseger/Hoffsommer 2008, S. 120).

Seit einigen Jahren hat die Kita es aufgegeben, die ältesten Kindergartenkinder zu einer altershomogenen „Vorschulgruppe" zusammenzufassen. Und seit dieser Zeit ist der Kindergartenbereich durchweg altersgemischt organisiert. Allerdings treffen sich die Kinder im Jahr vor Schulbeginn regelmäßig ein- bis zweimal in der Woche zu gemeinsamen Ausflügen, zu Exkursionen in die Schule oder anderen Aktivitäten.

Für einen Teil der Eltern führte diese Veränderung zu erheblicher Verunsicherung. Die bisherige Vorschulgruppenarbeit war ihnen Garant dafür, dass ihre Kinder gezielt und konzentriert auf die Schule vorbereitet wurden. Konnte das unter den veränderten Bedingungen überhaupt noch gewährleistet werden? Das Team musste sich verstärkt mit kritischen Fragen auseinandersetzen. Es war schwer, die Eltern zu beruhigen und ihnen die Vorzüge der neuen Arbeitsweise zu vermitteln.

Da kam es den Kita-Leiterinnen entgegen, dass sich die benachbarte Grundschule mit drei kooperierenden Kitas an dem länderübergreifenden Kooperationsprojekt „ponte. Kindergärten und Grundschulen auf neuen Wegen“[9] beteiligte. Nach entsprechenden Absprachen im Team gelang es ihnen, dass die Kita in diesen Kooperationsverbund und in das Projekt aufgenommen wurde.

Vor dem Hintergrund der Situation im Wohngebiet hatte sich der Kooperationsverbund frühzeitig darauf verständigt, den Schwerpunkt der gemeinsamen Arbeit auf die Zusammenarbeit mit den Eltern zu legen. Zunächst ging es allerdings darum, sich gegenseitig kennenzulernen und wechselseitig zu hospitieren. Die Lehrer/innen konnten sich ein Bild über die Arbeit der Kita bilden, die Erzieher/innen der Kita konnten erleben, wie Grundschulunterricht heute gestaltet wird. Die Vorstellung von der jeweils anderen Institution veränderte sich, die wechselseitige Achtung und Anerkennung wuchsen. In den regelmäßigen moderierten Arbeitstreffen, die Bestandteil der Projektarbeit waren, tauschten sich die pädagogischen Fachkräfte aus Kita und Grundschule über Rahmenbedingungen und Auftrag ihrer Arbeit sowie über ihre pädagogischen Ziele aus.

Was den Kindern hilft – Ein Kompetenzkatalog entsteht

Die Arbeitsgruppe stellte sich die Frage: Welche Kompetenzen helfen den Kindern, die Schulsituation zu bewältigen und erfolgreich zu lernen? Relativ schnell konnten sich die Vertreter/innen der Kitas und der Schule auf einen Katalog verschiedenster Kompetenzen verständigen. Komplizierter gestaltete sich die Auseinandersetzung darüber, wer für den Erwerb welcher Kompetenz zuständig sei: Nur die Kita? Nur die Schule? Oder beide Institutionen? Auch die Frage, ob für bestimmte Kompetenzen einheitliche, bis zum Schuleintritt zu erreichende Standards festgesetzt werden könnten, bot Gelegenheit für grundsätzliche Überlegungen und Debatten.

Dabei wurde auch deutlich, dass die Antworten auf diese Frage nicht unabhängig von den Rahmenbedingungen beantwortet werden können, die in der Schule als aufnehmender Institution bestehen. Die Fragen lauteten demnach: Was können wir überhaupt leisten? Wie groß dürfen die Entwicklungsunterschiede zwischen den Kindern noch sein, damit wir jedes Kind angemessen unterstützen können? In manchen Fällen war die Antwort einfach. So ist es relativ einleuchtend, wenn die Schule erwartet, dass die Kinder den Toilettengang grundsätzlich selbstständig bewältigen. Aber ist es auch gerechtfertigt zu erwarten, dass alle Kinder bei ihrer

Für ihren weiteren Bildungsweg brauchen Kinder die Motivation zum Lernen sowie die Bereitschaft, sich den dazugehörigen Anstrengungen auszusetzen.

Einschulung zum Beispiel über einen bestimmten Standard im Umgang mit der Schere verfügen? Wie würde sich eine derartige Erwartung mit der Individualität und Ungleichzeitigkeit kindlicher Entwicklungsprozesse vertragen? Und könnte die Kita ihrem Bildungsauftrag noch gerecht werden, wenn die Erzieher/innen einer derartigen Erwartung nachkommen würden? Ganz gewiss: Die Kinder müssen in der Kita vielfältige und ausreichende Gelegenheiten haben, sich im Umgang mit der Schere auszuprobieren; aber das sollte im Rahmen von Vorhaben geschehen, die von den Kindern als sinnhaft erlebt werden und mit denen sie eigene Ziele verbinden können. Außerdem: Je eher Kinder die Technik des Schneidens benötigen, um eigene Vorhaben zu realisieren, umso stärker wird ihre Motivation sein, sich darin zu üben. Und diese Motivation zum Lernen sowie die Bereitschaft, sich den dazugehörigen Anstrengungen auszusetzen, brauchen die Kinder auf ihrem weiteren Bildungsweg.

So rührte die Diskussion der Arbeitsgruppe immer wieder an grundsätzliche Themen wie die Vorstellung vom kindlichen Lernen und vom Bildungsauftrag der jeweiligen Institution.

Der gemeinsame Elternabend und seine Folgen

Mit dem Kompetenzkatalog hatte sich die Arbeitsgruppe eine gute Basis geschaffen, um gemeinsam die Sorgen und Fragen der Eltern aufzugreifen und sie über die Kooperation von Kitas und Grundschule zu informieren. Hierfür plante sie einen gemeinsamen Elterninformationsabend, der in der Schule durchgeführt wurde.

Der Elternabend war außerordentlich gut besucht. Im Rahmen der Veranstaltung bekamen die Eltern Informationen darüber,

- wie die Arbeit der Schulanfangsphase gestaltet ist und was ihr Kind dort erwartet,
- welche Kompetenzen dem Kind in der neuen Situation nützen,
- wie die Kitas und wie die Schule das Kind beim Erwerb dieser Kompetenzen unterstützen und
- welche Möglichkeiten die Eltern haben, ihrem Kind dabei zu helfen.

Die Themen wurden arbeitsteilig von Vertreterinnen und Vertretern der Kitas und der Grundschule vorgestellt. Deutlich wurde: Beide Institutionen kooperieren gleichberechtigt. Kita und Schule haben ein gemeinsames Verständnis von dem, was Kinder brauchen.

Anschließend gab es ausreichend Raum für die vielen Fragen der Eltern. Nach gemeinsamer Auswertung in der Projektgruppe wurde beschlossen, den Elternabend im nächsten Jahr mit einigen Änderungen zu wiederholen. Und obwohl das Projekt ponte bereits seit mehreren Jahren abgeschlossen ist, gehören der jährliche Elterninformationsabend und seine Auswertung zu den feststehenden gemeinsamen Aktivitäten des Kooperationsverbundes.

Die Kooperation hat für die Kita und ihre Eltern Früchte getragen: Kritische Nachfragen zu Organisation und Inhalt der pädagogischen Arbeit kommen nur noch ganz vereinzelt vor. Die Eltern scheinen sich informiert und sicher zu fühlen. Team und Leiterin erhalten viel Anerkennung für ihre Arbeit, die Eltern begreifen die Kooperation zwischen Kita und Grundschule offensichtlich als Qualitätsmerkmal und äußern sich gegenüber Dritten stolz über „ihre" Kita.

Auch Eltern profitieren – ein Interview[10]

Die Kindertagesstätte INA.KINDERGARTEN Brüsseler Straße liegt im Berliner Bezirk Wedding. Hier leben viele Familien mit Migrationshintergrund. Eine der zentralen Aufgaben sieht die Kindertagesstätte darin, praktische Integrationsarbeit zu leisten, indem sie Bildungsinhalte so vermittelt, dass sie auch für diese Gruppe von Eltern transparent werden.

In den letzten zwei Jahren entstand durch das ponte-Programm eine enge Kooperation mit der Brüder-Grimm-Grundschule mit dem Ziel, die Bildungsarbeit beider Institutionen den Eltern zu verdeutlichen. Frau Akinci, Elternvertreterin der Kindertagesstätte, berichtet der Berliner Moderatorin Andrea Klatt aus ihrer Sicht über diesen Prozess:

Klatt: Frau Akinci, wie erhielten Sie Informationen zum ponte-Programm?

Akinci: Es gab einen Informationsabend für die Eltern, an dem auch zwei Lehrkräfte der Brüder-Grimm-Grundschule teilnahmen. Hier erhielten wir die ersten Informationen über die stattfindende Kooperation zwischen Kindertagesstätte und Schule. Es wurde deutlich, wo die Parallelen der Arbeit liegen und wie diese genutzt werden können. Hier wurde auch sehr anschaulich erklärt, wie das jahrgangsübergreifende Lernen (JÜL) in der Grundschule praktiziert wird.

Klatt: Wie wurde diese gemeinsame Arbeit zwischen Kindertagesstätte und Grundschule vermittelt?

Akinci: Es gab dort unterschiedliche Formen der Begegnung: zum einen durch gemeinsame Aktionen von Kindergarten- und Schulkindern. Gemeinsam findet eine Sportstunde für die Schul- und Kindergartenkinder statt, die von den Erzieherinnen und Pädagoginnen aus der Schule geplant und durchgeführt wird. Außerdem besuchen Kinder der Schule die Kindertagesstätte. Sie sind hier zum gemeinsamen Frühstück eingeladen. Die Schulkinder konnten einfach noch einmal in den Kindergartenalltag reinschauen. Das war auch für die Kindergartenkinder sehr aufregend. Sie haben sich dadurch schon zur Schule zugehörig gefühlt. Durch diese Frühstückstage ergab sich dann die Idee, dass Schule und Kindertagesstätte einige Beete in der Kindertagesstätte bepflanzen können und gemeinsam für die Pflege und Ernte zuständig sind.

Für uns Eltern war aber auch eine zweite Ebene sehr wichtig. Wir erhielten nicht nur die Möglichkeit, an dem üblichen „Schnuppertag" die Schule zu besuchen, sondern wurden auch zu Hospitationen eingeladen, die uns den täglichen Schulalltag sichtbar machten.

Klatt: Was ist Ihnen bei den Hospitationen aufgefallen? Gab es etwas, was für sie neu war?

Akinci: Das jahrgangsübergreifende Lernen in der Schule kannte ich nicht. Ich habe es erst bei den Hospitationen kennengelernt und bin überrascht, wie gut das funktioniert. Dort ist mir aufgefallen, dass es auch Integrationskinder in den Klassen gibt. Diese Kinder werden genauso unterrichtet wie nicht behinderte Kinder. Es war eine sehr angenehme Atmosphäre. Niemand war gestresst. Es war einfach toll.

Klatt: Können Sie beschreiben, welches Gefühl Sie bei den Hospitationen hatten?

Akinci: Ich hätte mir gewünscht, dass ich zu meiner Zeit, also als ich in die Grundschule ging, auch solch ein Angebot hätte nutzen können; ich kenne es aus meiner Grundschulzeit nur so, dass es oft angespannte Situationen in den Klassen gab.

Klatt: Wenn Sie die Unterrichtsform von JÜL beschreiben, sehen Sie da auch Parallelen zur Arbeit hier in der Kindertagesstätte?

Frühzeitige Einblicke in den Schulalltag schaffen Vertrauen und Sicherheit – auch für die Eltern!

Akinci: Definitiv. In unserer Kindertagesstätte gibt es ja eine Altersmischung vom Säuglings- bis hin zum Schuleintrittsalter. Für die Kinder ist es natürlich sehr sinnvoll, weil die Kleineren von den Größeren lernen können und die gegenseitige Rücksichtsnahme geübt werden kann.

Klatt: Glauben Sie, dass sich grundsätzlich etwas an der Einstellung zum Kind seitens der Pädagoginnen aus beiden Einrichtungen durch diese Zusammenarbeit verändert hat?

Akinci: Ich denke, dass der Respekt vor der Arbeit der jeweiligen Einrichtung größer geworden ist. Entgegen der allgemeinen Meinung, dass im Kindergarten nur gespielt wird, haben die Lehrerinnen erkannt, wie umfassend Kinder auch hier gefördert werden und wie viel sie dabei lernen.

Klatt: Haben Sie das Gefühl, dass die gemeinsame Arbeit der Pädagoginnen die „alte Angst“ vor der Schule nimmt?

Akinci: Na klar wird den Kindern damit die Angst genommen. Man darf nicht vergessen, dass es ein ganz großer Schritt ist, wenn aus einem Vorschulkind ein Schulkind wird. Durch die gemeinsamen Kontakte werden die Kinder ganz langsam und vorsichtig mit der Schule vertraut gemacht. Und ebenso ging es auch uns Eltern. Durch die Möglichkeit der Hospitationen konnten wir einen Einblick in den Schulalltag bekommen, schon einige Lehrerinnen persönlich kennenlernen, und dadurch ist uns auch die Sorge „Wie ergeht es meinem Kind in der Schule?“ genommen. Dies gibt auch den Kindern eine größere Sicherheit. Ich fühle mich schon jetzt wohl, obwohl mein Kind noch nicht in die Schule aufgenommen wurde, und freue mich für meinen Sohn schon sehr auf die Schulzeit, weil mir durch den Einblick in den Schulalltag eine Vertrautheit vermittelt wurde und ich nicht mehr das Gefühl habe, „ein fremdes Terrain“ zu betreten. Mein Sohn und ich fühlen uns angenommen.

Immer nur spielen und was die Kinder dabei lernen – ein Elternabend[11]

Auch in dem folgenden Beispiel geht es darum, dass Eltern besorgt sind, ob ihr Kind in der Kita das nötige Rüstzeug erhält, um den Anforderungen des nahenden Schulanfangs gewachsen zu sein. Vor allem sehen sie kritisch, dass die Kinder „immer noch so viel spielen“. Der folgende Bericht beschreibt, wie die betroffenen Erzieherinnen mit der Situation umgegangen sind:

Wir wollten die Sorgen der Eltern aufgreifen und planten einen Elternabend zum Thema „Wieder nur gespielt?“ Die Eltern sollten selbst erkunden, welche Bildungsmöglichkeiten im Spiel stecken[12]. Nach einer kurzen Einführung baten wir sie um ihre Wünsche und Vorstellungen zu der Frage: „Was erwarte ich von der Kita – was soll mein Kind hier lernen?“ Alle Aussagen hielten wir auf Karten fest, die an eine Pinnwand geheftet wurden:

Soziales Verhalten – Durchsetzungsvermögen – sich alleine beschäftigen können – Selbstständigkeit und Ausdauer – sich trauen, etwas Neues zu machen und es bis zu Ende zu führen – eigene Bedürfnisse artikulieren und mit anderen verhandeln – eigene Meinung bilden und vertreten zu können – Kreativität – sprachliche Auseinandersetzung – Feinmotorik fördern – Regeln innerhalb der Gruppe akzeptieren lernen – Konzentration – Koordination der Sinne – Miteinander in der Gruppe – sich behaupten, sich auseinandersetzen – sprachliches Ausdrucksvermögen

Anschließend stellten wir den Eltern die Spielformen vor, die die Kinder im Vorfeld als Bestandteile ihres täglichen Spiels in der Kita zusammengetragen hatten:

Theater spielen – Draußen spielen – Kreisspiele – Rollenspiel, Verkleiden – Bauspiele – Bewegungsspiele, Tänze – Wasserspiele – Tast-, Riech- und Schmeckspiele – Sprachspiele ...

Wonach riecht denn das …?

Diese Begriffe waren ebenfalls auf Karten notiert, die an einer Wandzeitung hingen. Wir baten die Eltern, sich in Kleingruppen mit jeweils einem dieser Spielbereiche zu befassen und ihn auf die in ihm enthaltenen Lernmöglichkeiten hin zu untersuchen. Das Ergebnis war beeindruckend: Die Eltern hatten jede Menge Lernchancen und -inhalte entdeckt!

Nun ging es ans Abgleichen: Entsprachen die Möglichkeiten, die sich den Kindern im Spiel bieten, den Erwartungen der Eltern? Das Ergebnis war wiederum verblüffend: Jede einzelne Erwartungskarte fand ihre Entsprechung in einer der von den Eltern selbst erkannten Lernmöglichkeiten.

Was können Kinder beim Spielen lernen?

Spielformen	Erwartungen der Eltern	Von Eltern ermittelte zusätzliche Lernmöglichkeiten
Theater spielen	*Selbstständigkeit und Ausdauer – sich trauen, etwas Neues zu machen und es bis zu Ende zu führen*	*Mut haben, eine andere Identität anzunehmen und diese Rolle vor anderen auszuführen – Erinnerungsvermögen, um die Rolle zu lernen – Ausdauer – Ideen für Kostüme entwickeln – Aushalten, sich schminken zu lassen – Lernen in Form von Spielen*
Rollenspiele, Verkleiden	*Soziales Verhalten – Kreativität – sprachliches Ausdrucksvermögen*	
Draußen spielen	*Miteinander in der Gruppe – sich behaupten, sich auseinandersetzen – Streit, Akzeptanz, sich zurückziehen – eigene Meinung bilden und vertreten können – sich alleine beschäftigen können – Soziales Verhalten*	*Bewegung – Körperempfinden – Rücksichtnahme – Beschäftigungsideen entwickeln – eigene Grenzen erfahren – Bedürfnisse artikulieren und zurückstecken – Durchsetzungsvermögen*
Kreisspiele	*Konzentration*	*Gedächtnis trainieren – Regeln einhalten – Gefühl für Musik und Rhythmus entwickeln – Koordination der Bewegungen*
Bauspiele	*Feinmotorik fördern – sich alleine beschäftigen können – Soziales Verhalten*	*Physikalische Gesetzmäßigkeiten erleben – Konstruieren können – Formen erkennen*
Tischspiele	*Regeln einhalten – verlieren können*	*Gedächtnis trainieren – Geduld, Frustrationstoleranz*
Bewegungsspiele, Tänze	*Konzentration*	*Gefühl für Musik und Rhythmus entwickeln – Koordination der Bewegungen – Gruppenintegration – Gleichgewicht schulen – Gedächtnis trainieren – Regeln einhalten – verlieren können*

Spielformen	Erwartungen der Eltern	Von Eltern ermittelte zusätzliche Lernmöglichkeiten
Wasserspiele		*Physikalische Gesetzmäßigkeiten im Spiel erleben – Berührung mit dem Element Wasser – Wasserverdrängungskraft erfahren – Erdanziehungskraft erforschen*
Tast-, Riech- und Schmeckspiele	*Koordination der Sinne*	*Sinne und Körper wahrnehmen – erfahren, sich auf den eigenen Körper verlassen zu können – verschiedene (Natur-)Materialien kennen und einordnen lernen – Oberflächen- und Tiefensensibilität*
Sprachspiele	*Kreativität – sprachliches Ausdrucksvermögen*	*Sprachbewusstsein*

3.3 Gemeinsam eine Brücke bauen – aus der Kooperationspraxis von Kita und Schule

Wenn die Erzieher/innen der Kita und die Lehrer/innen der Grundschule feststellen, dass sie nach gleichen oder verwandten pädagogischen Prinzipien handeln und ähnliche Ziele verfolgen, kann auf dieser Basis gemeinsames Handeln erwachsen. Dann können die Konzepte beider Institutionen anschlussfähig werden – zur Unterstützung und Stärkung der Kinder.

Kindergartenkinder und Grundschulkinder forschen gemeinsam

Die Lernwerkstatt[13]

Es ist Dienstag früh. Wie so häufig an diesem Wochentag machen sich die ältesten Kinder der Kita zusammen mit ihren Erzieherinnen auf den Weg in die Schule, um dort gemeinsam mit Kindern der dritten Klasse und ihrer Lehrerin in der Lernwerkstatt zu forschen, zu experimentieren, zu spielen und zu lernen.

In der Schule angekommen, werden sie bereits in der Lernwerkstatt erwartet. Über eineinhalb Stunden haben die Kindergartenkinder jetzt Gelegenheit, zusammen mit den Schulkindern an einem Thema zu arbeiten. Sie wissen, heute geht es – genau wie beim letzten Mal – um das Thema „Wind". Die Lehrerin und die für die Arbeit in der Lernwerkstatt zuständige Erzieherin haben gemeinsam geplant, welche Erfahrungs- und Lernmöglichkeiten den Kindern zur Verfügung stehen und den Raum entsprechend vorbereitet. Für diese Planungen treffen sie sich alle zwei Wochen zu einem festen Termin. Die Themen für ihre Arbeit gewinnen Erzieherin und Lehrerin aus ihren Beobachtungen sowie den Fragen und Wünschen der Kinder. Die Lehrerin sorgt dafür, dass die Vorhaben mit den Anforderungen des schulischen Rahmenplans für den Unterricht kompatibel sind.

Der Vormittag beginnt mit einer Begrüßung im Kreis – einem festen Ritual, das die Kinder so oder ähnlich aus der Kita kennen. Im Gesprächskreis wird dann beschlossen, was an dem jeweiligen Vormittag geschehen soll. Für die Bearbeitung der Themen erstellen die Kinder eine Art Mindmap, in der alle Fragen und Aspekte, die sie interessieren, zum Tragen kommen und die Grundlage der weiteren Arbeit sind.

Kita- und Schulkinder profitieren voneinander.

Über den Vormittag arbeiten sie in selbst gewählten Gruppen – Schul- und Kita-Kinder gemischt. Dabei profitieren Jüngere und Ältere voneinander. So helfen die Schulkinder den Kita-Kindern zum Beispiel bei der Dokumentation ihrer Experimente und Erfahrungen: Wenn die Symbole und Zeichnungen der Kleinen nicht mehr ausreichen, schreiben die Älteren auf, was die Jüngeren ihnen diktieren. Die Lehrerin berichtet, dass auch Kinder, die häufig keine große Lust haben, ihre eigenen Dokumentationen auszufüllen, mit Feuereifer dabei sind, wenn es gilt, das Diktat eines Kindergartenkindes aufzuschreiben.

Der Vormittag endet wiederum mit einem Gesprächskreis, in dem die Arbeitsergebnisse vorgestellt und diskutiert werden.

Die Vorgeschichte

Die Kita besteht in der gegenwärtigen Trägerschaft seit 1997. Gegenwärtig wird sie von 30 Kindern im Alter von zwei Jahren bis sechs Jahren besucht, darunter auch von vier Integrationskindern. Die Arbeit ist offen organisiert; in einer kleinen Haushälfte mit anschließendem Freigelände bewegen sich die Kinder über zwei Etagen in unterschiedlich ausgestalteten Räumen.

Als Ausgangspunkte ihrer Arbeit nennen die Erzieher/innen die Wertschätzung und Akzeptanz aller Menschen, die in der Kita leben und arbeiten: der Eltern, der Mitarbeiter/innen, insbesondere aber der Kinder. Ihre Themen und Bedürfnisse sollen ernst genommen werden, die Arbeit hat sich daran zu orientieren. Jedes Kind soll das Bewusstsein haben, etwas ganz Besonderes zu sein.

Diese Grundsätze prägen das gemeinsame Leben und Arbeiten in der Kita. Sie gelten als Richtschnur für die Kommunikation zwischen pädagogischen Fachkräften, Kindern und Eltern, für die Organisation des Tagesablaufs und die Raumgestaltung, die den Kindern viel Freizügigkeit und Eigeninitiative ermöglichen. Dazu gehört auch eine im Keller der Kita eingerichtete Werkstatt, die alle Kinder zum individuellen wie gemeinsamen Forschen und Experimentieren einlädt und von den Kindern im Jahr vor der Schule besonders intensiv genutzt wird.

Jedes Kind soll das Bewusstsein haben, etwas ganz Besonderes zu sein.

Diese Grundsätze waren auch dafür verantwortlich, dass das Kita-Team Kontakt zu der Grundschule suchte, die zu diesem Zeitpunkt von den meisten der Kita-Kinder im Anschluss an ihre Kindergartenzeit besucht wurde: Die Erzieher/innen waren immer wieder mit den Fragen, der Vorfreude, aber auch mit den Ängsten konfrontiert, von denen die Kinder mit nahendem Schulbeginn zunehmend umgetrieben wurden. Die pädagogischen Fachkräfte wollten wissen: Wo gehen die Kinder hin, wenn sie die Kita verlassen? Wie wird es ihnen dort ergehen? Wie werden sie den Übergang in die Schule bewältigen?

Als günstig erwies sich, dass sich die Kita-Leiterin und der Schulleiter aus früheren fachlichen Zusammenhängen kannten. Die Bereitschaft zum gegenseitigen Kennenlernen war groß, schnell kam es zwischen dem Kita-Team und dem Schulkollegium zum Austausch über die jeweiligen pädagogischen Konzepte. Beide Seiten stellten fest, dass sie die gleiche Sicht auf das Kind haben und sehr verwandte pädagogische Ziele verfolgen. Die Grundlage für die Anschlussfähigkeit schien gegeben:

- Sowohl die Kita als auch die Schule wollen den Kindern mit ihren jeweiligen Möglichkeiten individuelle Lernwege ermöglichen.
- In beiden Einrichtungen haben die Kinder spezifische Möglichkeiten der Mitsprache und Mitbestimmung.
- Beide Einrichtungen bemühen sich um die Eltern als Erziehungs- und Bildungspartner.

- Sowohl in der Kita als auch in der Schule werden die Bildungs- und Lernwege der Kinder dokumentiert.

Schnell verständigte man sich darauf, an der Schnittstelle Übergang zu kooperieren. Einerseits sollte geprüft werden, welche Kontinuität hergestellt werden müsste, um den Kindern die von ihnen benötigte Anschlussfähigkeit zu bieten; andererseits galt es auszuloten, welches Maß an Diskontinuität als Entwicklungsanreiz für die Kinder förderlich ist.

Bald kam es zum ersten Besuch der Kinder in ihrer zukünftigen Schule, dem dann weitere folgten. Diese Besuche und das Mittun der Kinder im Unterricht wurden zur regelmäßigen Praxis, ergänzt durch Besuche der Schulkinder in der Kita. Die Schulkinder berichteten davon, wie es ihnen in der Schule ging, von ihren Ängsten und wie sie diese bewältigt haben. Freundschaften und Patenschaften zwischen Schul- und Kita-Kindern entstanden. Auch die Eltern wurden in die gemeinsame Gestaltung des Übergangs miteinbezogen: In Zukunftsworkshops mit Kita und Schule konnten sie ihre Vorstellungen und Wünsche einbringen.

Beim Schuleintritt der Kinder zeigten sich die Früchte der engen Kooperation. So berichtet der Schulleiter, dass sich die Kinder von Beginn an entspannt und selbstverständlich am Schulleben beteiligen konnten: Sie kannten sich aus und wussten, was sie an neuen Anforderungen erwarten würde. Die Lehrer/innen wiederum kannten die Schulanfänger/innen und konnten sich gut auf sie einstellen.

Die Kooperation hat sich bewährt und wurde in den folgenden Jahren fortgesetzt. Die pädagogischen Fachkräfte der Kita und der Schule nutzten gemeinsame Fortbildungen, Gespräche und wechselseitige Hospitationen für die Reflexion und Weiterentwicklung der gemeinsamen wie der eigenen Arbeit. Arbeitsmaterialien wurden zwischen Kita und Schule ausgetauscht.

Neue inhaltliche Herausforderungen

Irgendwann aber drohten die im Laufe der Jahre eingespielten Kooperationsformen unter dem alltäglichen Handlungsdruck in Routine abzugleiten, es fehlten neue inhaltliche Herausforderungen. Zu diesem Zeitpunkt traf das Tandem eine Entscheidung: Es beteiligte sich an dem Programm „fliegen lernen. Kinder erforschen Naturwissenschaften" der Deutschen Kinder- und Jugendstiftung[14].

Die Idee einer gemeinsamen Lernwerkstatt nahm konkrete Formen an. Es gelang, hierfür einen festen Raum in der Schule zu reservieren. Im Rahmen der Programmarbeit erhielten die Pädagoginnen und Pädagogen Anregungen und fachliche

Hinweise zum Aufbau und zur Gestaltung der Lernwerkstatt. Der Austausch mit anderen Lernwerkstätten und gemeinsame Fortbildungen halfen, die kooperative Arbeit in der Lernwerkstatt auf fachlich sichere Füße zu stellen. Vor allem aber ermöglichen der im Rahmen des Programms entwickelte Qualitätsrahmen und das damit verbundene Verfahren zur Selbstbewertung, dass die Arbeit ständig weiterentwickelt werden kann.

Seit dieser Zeit finden in der Lernwerkstatt die wöchentlichen gemeinsamen Forschertreffen der Kita- und Schulkinder statt. Aber auch außerhalb dieser Treffen nutzt die Kita – in Absprache mit der Schule – diesen Raum auch mit den jüngeren Kindern.

3.4 Sich auf den Weg machen heißt auch Abschied nehmen

Zum Übergang in die Grundschule gehört auch der Abschied von dem vertrauten und liebgewordenen Lebens- und Erfahrungsfeld des Kindergartens mit den dazugehörigen Menschen, Räumen und Gewohnheiten. Sofern es in der Kita keinen Hort gibt, in den die Kinder nach Schulbeginn wechseln können, ist der Abschied besonders einschneidend. Übrigens gilt das auch für viele Eltern, die in den Erzieherinnen und Erziehern sowie den Miteltern im Laufe der Jahre vertraute Bezugspersonen gefunden haben.

Erzieher/innen durchleben diesen Abschied ebenfalls, wenn auch in abgeschwächter Form als professionell geübtes und sich jedes Jahr wiederholendes Handeln und Geschehen. Die folgenden Praxisbeispiele zeigen, wie Kitas den Abschied für und mit Kindern und Eltern gestalten.

Eine besondere Kita-Übernachtung[15]

Es ist ein dringlicher Wunsch der Kinder, kurz vor Abschluss des Kita-Jahres und vor ihrem Abschied von der Kita dort noch einmal gemeinsam zu übernachten. Allerdings haben sie sich hierfür etwas Besonderes ausgedacht: Die Kinder wollen an diesem Abend gemeinsam in einem Restaurant essen. Sie wollen dort ihr Essen und das Getränk selbst wählen, auch die Wahl eines Desserts soll möglich sein. Die Kinder haben auch bereits eine Gaststätte in Nähe der Kita in ihre engere Wahl gezogen, vermutlich sind einige von ihnen dort schon einmal mit ihren Eltern gewesen.

Wir Erzieher/innen wollen sie gerne bei der Erfüllung dieses Wunsches unterstützen, allerdings gibt es ein Problem: Woher sollen wir das Geld dafür nehmen? Die Gruppenkasse enthält keine Mittel in der für einen Restaurantbesuch benötigten Höhe. Natürlich könnten wir die Eltern bitten, sich finanziell zu beteiligen. Aber irgendwie gefällt uns das nicht – abgesehen davon, dass diese Bitte bei einigen Eltern vermutlich auf Unverständnis stoßen würde, gestattet ihnen doch ihre finanzielle Situation kaum selbst ein solches Vergnügen.

Die Ernsthaftigkeit und Beharrlichkeit, mit der die Kinder immer wieder auf ihren Wunsch zurückkommen, gibt uns zu denken: Offensichtlich ist der Restaurantbesuch für sie von großer Bedeutung. Sie scheinen sich damit eine Feier der Gemeinsamkeit und zugleich des Abschiednehmens, des Größerwerdens gestalten zu wollen. In Gesprächen bemerken wir, dass die Kinder sich untereinander schon darüber unterhalten haben, wie man sich in einem Restaurant verhält. Sie haben sich auch schon damit beschäftigt, dass es nicht unbedingt einfach sein wird, sich für eine Speise zu entscheiden und dass wir ihnen aus der Speisekarte vorlesen müssten, da sie diese ja noch nicht selbst entziffern können …

Die Kinder planen eine Feier der Gemeinsamkeit und des Abschieds.

Wir Erzieher/innen finden, dass es der Ernsthaftigkeit des Wunsches der Kinder am ehesten entspricht, wenn sie die Möglichkeit haben, das dafür notwendige Geld selbst zu „verdienen“ und suchen nach entsprechenden Möglichkeiten. Da trifft es sich gut, dass unser Aktionsplan noch den Wunsch nach einer Kräuterwanderung mit anschließender Produktion von Kräuterpesto und -butter enthält. Warum soll es nicht möglich sein, diese Produkte in der Kita zu verkaufen – vielleicht beim Tag der Offenen Tür oder am Trödelmarkt?

Die Kinder sind von unserem Vorschlag begeistert, und so brechen wir an einem sonnigen Apriltag auf in Richtung Rodelberg, ausgestattet mit Gummistiefeln und Körben. Am Ziel angekommen, geht es nach einigen Erklärungen los: Die erste Aufgabe besteht darin, Schafgarbe zu sammeln. Wir schauen uns gemeinsam eine Pflanze an, und dann stürmen die Kinder auch schon in alle Himmelsrichtungen. Sie sammeln eifrig, und in Windeseile muss der Inhalt ihrer kleinen Körbe in die großen umgefüllt werden. Danach sammeln wir Spitz- und Breitwegerich, Gundermann und Hirtentäschel. Besonders fasziniert sind die Kinder von der „Zauberwirkung“ des Spitzwegerichs: Verbrennt man sich nämlich an Brennnesseln oder hat einen Insektenstich, kann man das Brennen auf der Haut ganz leicht mit diesem Kraut lindern. Auf dem Rückweg sammeln die Kinder dann noch viele Gänseblümchen.

Welche Kräuter brauchen wir für unser Pesto?

Als die Kinder am nächsten Tag in die Küche kommen, sind die Kräuter und die Bärlauchblätter bereits durchgesehen und gewaschen; alle Zutaten für Pesto und Bärlauchbutter stehen auf dem Tisch. Die Kräuter und die Nüsse in die Küchenmaschine zu füllen und den Knopf zu drücken ist einfach. Die Knoblauchpresse zu nutzen ist schon schwieriger. Tim probiert es erst alleine und schafft es nicht. Daniel kommt ihm zu Hilfe, schafft es aber auch nicht. Jakob bietet seine Hilfe an, und zu dritt probieren sie den Knoblauch klein zu kriegen – ohne Erfolg. Schließlich bitten sie eine Erzieherin um Hilfe. Nach dem Hinzufügen von Nüssen, Öl und Salz ist das erste Kräuterpesto fertig. Natürlich probieren wir gleich, ob's auch schmeckt. Danach stellen wir noch Bärlauchpesto und Bärlauchbutter her. Zum Schluss wird alles in Gläser gefüllt.

Während des Trödelbasars an einem Sonntag im Mai bieten die Kinder an einem eigenen Stand die Gläser zum Verkauf an. Eine Mutter hat uns außerdem Hokkaido-Kürbispflanzen geschenkt, die sie mit verkaufen dürfen. Die Kinder nehmen viel Geld ein. Jetzt können wir den Restaurantbesuch realisieren.

Angesichts der weiß gedeckten Tafel, an der wir alle sitzen, und die mit brennenden Kerzen und Blumen geschmückt ist, verhalten sich die Kinder zurückhaltender als sonst, fast etwas ernsthaft, dabei aber überhaupt nicht schüchtern oder unsicher. Allerdings lockert die Stimmung dann zunehmend auf. Die Eltern erzählen uns später, dass die Kinder immer wieder von diesem Erlebnis berichten.

Stark wie ein Löwe, schlau wie ein Fuchs – Kinder zeigen, was ihnen Kraft gibt[16]

Die Kita liegt im Innenbereich der Stadt. Hier leben viele Familien unterschiedlichster Nationalität und häufig unter schwierigen ökonomischen und sozialen Bedingungen. Daraus erwachsen besondere Anforderungen an die Arbeit der Kita: Sie versteht sich als Ort interkultureller Begegnung, berücksichtigt den besonderen Unterstützungsbedarf der Kinder und gestaltet ihre Arbeit entsprechend den Bedürfnissen der vor Ort lebenden Kinder und Familien.

Die Ausstellung der Krafttiere ...

Ein Sommernachmittag im Garten der Kita: Kinder, Eltern und andere Familienmitglieder sitzen erwartungsvoll auf Bänken, die im Halbrund aufgestellt sind. Es ist das Abschiedsfest für die Kinder, die demnächst in die Schule kommen – und für ihre Eltern.

Die Erzieherin der Kinder begrüßt die Gäste zur feierlichen Ausstellungseröffnung, einer Ausstellung von Bildern, die die Kinder in den vorausgegangenen Tagen gemalt haben. Und dann ziehen sie ein: Löwe, Elefant und Leopard, Stier und Pferd, ein Dinosaurier, Fuchs und Igel ... Jedes Tier gemalt auf Leinwänden, so groß wie die Kinder selbst. Die Erzieherin stellt die Tiere vor: Krafttiere seien das, begabt mit speziellen Fähigkeiten, mit denen sie ihre Schöpferinnen und Schöpfer stärken sollen für den Neuanfang in der Schule und für ihr weiteres Leben – mit ihrer Kraft, ihrer Schnelligkeit, Geschicklichkeit, Klugheit, Wachsamkeit ...

... und wie es dazu gekommen ist

Die Kinder überlegen schon lange, welches persönliche Tier ihnen auf ihrem Weg in die Schule Kraft geben kann. Es entsteht die Idee, dass jedes Kind sein persönliches Krafttier malt – das Tier, mit dem es sich am stärksten identifiziert und das ihm helfen kann, die eigenen Kräfte zu mobilisieren.

Auch die Eltern sind an dem Vorhaben beteiligt: In einer gemeinsamen Aktion mit den Erzieherinnen zimmern sie die Rahmen für die Bilder und spannen dann

Die persönlichen Krafttiere der Kinder

die Leinwände darauf. Viele der Eltern leben noch nicht lange in Deutschland. Der Schuleintritt ihres Kindes ist ein großer Schritt für sie. Das gemeinsame Arbeiten, die gegenseitige Unterstützung und das Bewusstsein, etwas zur Unterstützung ihres Kindes zu tun, scheint auch ihnen etwas von der Spannung zu nehmen, mit der sie der Situation des Schuleintritts entgegensehen.

Am nächsten Tag soll eine Fantasiereise helfen, die Kinder auf das Thema einzustimmen. Auf dem Boden ausgestreckt, lauschen sie entspannt und gleichzeitig konzentriert der Stimme der Vorleserin: „Stellt euch vor, ihr seid auf einer Wiese. Es ist ein schöner Tag, die Sonne scheint warm. In der Ferne plätschert ein Bach. Da bemerkst du am Waldrand eine Bewegung. Es ist ein Tier. Du fragst das Tier, was seine Stärken sind und wie du diese Stärken wachsen lassen kannst ..." Danach geht's ans Werk: Jedes Kind arbeitet an seiner eigenen Leinwand, die vor ihm auf dem Boden liegt. Unter breiten Pinselstrichen entstehen nach und nach die Leinwände füllenden, eindrücklichen Krafttiere: ein sehr freundlicher Löwe, ein bunter Dinosaurier, ein Pferd, das zum Sprung ansetzt, ein Igel mit großen Stacheln ...

Die Kinder arbeiten äußerst konzentriert. Die Erzieherin beobachtet derweil und schreibt auf, was die Kinder sagen: Warum sie das jeweilige Tier gewählt haben und welche Kraft sie sich aus den Bildern holen werden. Später wird die Erzieherin diese Mitteilungen in das Portfolio des jeweiligen Kindes übertragen, die großen Originalbilder passen da ja nicht hinein.

„... und er hat gesagt, er findet das so toll am Igel, dass er geschützt ist. Der kann sich einfach so zusammenrollen und die Stacheln ausfahren, und dann kann ihm kein anderes Tier etwas tun, weil das dann weh tut."

Lieber Erkan,

nun ist es soweit und du kommst in die Schule. Du bist schon sehr aufgeregt, was dich in der Schule erwarten wird. Du freust dich darüber, dass du mit deinem Freund Cem in eine Klasse kommst. Ihr kennt euch schon, seitdem du in der Kita bist.
Gemeinsam mit ihm und deinem Freund Murat habt ihr viele Erkundungstouren im Garten und in eurer Umgebung unternommen. Auf dem Fußballplatz hast du so manches Tor geschossen und den Ball geschickt Murat oder Cem abgenommen. Du kannst dich schnell bewegen und bist sehr sportlich. Ich hatte einmal zu dir gesagt, als wir beim Sport waren: „Du bist so schnell wie eine Maus." Du hast dich darüber so sehr gefreut und erwähntest es immer wieder, wenn du so schnell liefst.
Du kannst dich an viele Dinge erinnern, die wir gemeinsam erlebt haben, zum Beispiel, wie wir Bohnen oder Spaghetti mit dem Mund hochgesogen haben und jedes Mal darüber beim Mittagessen lachten. Dein Lachen erwärmt mir jedes Mal das Herz, weil es so schön ist. Ich sehe dich gerne lachen. Du bist ein sehr fröhliches Kind, und ich wünsche dir, dass du immer so glücklich sein kannst. Auch wenn es manchmal Tage geben wird, wo es mal nicht so gut läuft, wie du es dir vorstellst.

Lieber Erkan, behalte immer den Glauben an dich selbst und an die Menschen, die dich lieben.
Ich werde dich vermissen! Ich wünsche dir, dass du weiterhin so viel Freude am Lernen hast und dass du einige Wünsche, die du für dein Leben hast, verwirklichen kannst.

Deine Julia

4 Reflektieren – Erfahrungen auswerten

Die Praxisbeispiele zeigen: Rund um den Übergang gibt es viel Bewegung. Wer sich heute in der Kita-Landschaft umschaut, der trifft auf viele kleine und große Maßnahmen von Kitas und Grundschulen, die dazu dienen sollen, die Brücke zwischen den beiden Institutionen für die Kinder besser begehbar zu machen.

Erfahrungen von Kitas, die in den letzten Jahren den Übergang zur Grundschule in den Fokus ihrer pädagogischen Entwicklungsarbeit gerückt haben, werden im Folgenden unter zwei Fragestellungen betrachtet:

- Was ist erreicht worden?
- Welche Herausforderungen bleiben?

Abschließend wird der Versuch unternommen, daraus Konsequenzen für die Praxis der Kindertageseinrichtungen zu ziehen: Wie kann es weitergehen? Was können Kitas tun?

4.1 Was ist erreicht worden?

Für viele Kitas und Schulen hat die bewusste Bearbeitung des Übergangs zu einem veränderten Blick geführt. Im Fokus stehen nicht mehr das Verhältnis zwischen den beiden Institutionen und die gegenseitige Abgrenzung, sondern das Kind und seine Wanderung von der einen zur anderen Lebenswelt: Was erfährt es? Wie kommt es zurecht? Kann es den begonnenen Bildungsweg erfolgreich weiter beschreiten? Deutlich wird: Weder die Kitas noch die Schulen alleine können den Übergang befriedigend gestalten. An der Schnittstelle zwischen Kindergarten und Grundschule müssen Erzieher/innen und Lehrer/innen im Interesse der Kinder zu Partnern werden.

„Wir arbeiten doch mit denselben Kindern!“

Inzwischen entdecken immer mehr Lehrer/innen, wie die Kinder in der Kita leben, was und wie sie dort lernen. Sie bemerken, dass die Kinder nicht als „Lernanfänger/innen“ in die Schule kommen, sondern in den davor liegenden Jahren schon viel Wissen und zentrale Kompetenzen erworben haben. Erzieher/innen in Kitas wiederum erkunden, was „ihre“ Kinder in der Schule erwartet und sind manchmal überrascht darüber, wie Unterricht heute gestaltet wird.

Die pädagogischen Fachkräfte, deren Arbeit Grundlage der Praxisbeispiele aus Kapitel 3 ist, berichten von folgenden Erfahrungen:

- Eltern, die unterstützt und beteiligt werden, entwickeln Vertrauen in die Arbeit der Erzieher/innen, gewinnen Sicherheit im Zusammenhang des Übergangs ihrer Kinder in die Schule und identifizieren sich mit „ihrer" Kita. Das kommt ihrem Kind zugute.
- Kooperationen zwischen Kitas und Grundschulen können die Kinder bei ihrem Eintritt in die Schule weitgehend unterstützen. Vor allem wenn gemeinsame Aktivitäten Ausdruck von gemeinsamen Zielen und einer von beiden Seiten getragenen Bildungsphilosophie sind, können anschlussfähige Konzepte entstehen. Die Kinder erleben dann, dass sich ihre bisher erworbenen Kenntnisse und Fähigkeiten in der neuen Situation bewähren und sie daran anknüpfend weiterlernen können. Das schafft Selbstvertrauen und erhöht die Lernmotivation.
- Aber auch wenn die Kooperation (zunächst?) nur in gemeinsamen Aktivitäten wie Festen, Ausflügen oder Besichtigungen des Schulgebäudes besteht, haben die Kinder davon entscheidenden Gewinn: Sie erfahren vieles über die Schule; sie haben Gelegenheit, sich mit dem zukünftigen Schulalltag auseinanderzusetzen – das hilft, sich in der neuen Lebenssituation zu orientieren. Die Lehrer/innen der Schule und die Erzieher/innen der Kita kennen sich – das ermöglicht kurze Wege bei Bedarf. Allerdings können solche Kooperationen – wenn keine weitere inhaltliche Auseinandersetzung erfolgt – auch zur bloßen Routine werden. Dann besteht die Gefahr, dass sich die Zusammenarbeit nicht mehr weiterentwickelt und irgendwann einfach einschläft.
- Übereinstimmend wird berichtet, dass sich die Aktivitäten positiv auf die Zufriedenheit der Eltern sowie die Bewältigung des Übergangs durch die Kinder ausgewirkt haben. Häufig erhielten die Kitas von der Schule die Rückmeldung, dass sich die Kinder gut und angstfrei dort eingelebt haben und die in der Kita begonnenen Lernprozesse erfolgreich fortsetzen.

4.2 Welche Herausforderungen bleiben?

Nicht immer einfach: Stolpersteine bei der Kooperation zwischen Kita und Schule

Pädagogische Fachkräfte berichten allerdings auch von abgebrochenen, unbefriedigenden Kooperationsversuchen und den vermuteten Ursachen des Scheiterns. Obwohl sich immer mehr Beispiele für eine gelungene Zusammenarbeit zwischen

Stolpersteine gibt es bei jeder Kooperation.

Kita und Grundschule finden lassen, so ist diese Praxis noch längst nicht allgemein verbreitet. Woran liegt das? Welche Probleme wirken als Stolpersteine?

Institutionelle Grenzen wirken als Hürden

Trotz aller Entwicklungen der vergangenen Jahre bestehen zwischen dem Kindergarten als freiwilliger Einrichtung der Jugendhilfe und der Grundschule als staatlicher Veranstaltung mit Pflichtcharakter nach wie vor strikte institutionelle Grenzen. Unterschiedliche historische Wurzeln und Entwicklungen haben zu einem jeweils unterschiedlichen Selbstverständnis geführt. Traditionen und Rahmenbedingungen differieren deutlich, was sich zum Beispiel in unterschiedlichen Ausbildungsniveaus und einer dementsprechenden Entlohnung niederschlägt. Zwischen beiden Institutionen besteht „ein ‚gefühltes' hierarchisches Verhältnis (...) Alle Merkmale tragen dazu bei, dass der Kindergarten als Institution sich eher in einer untergeordneten Position sieht" (Pesch in: Ramseger/Hoffsommer 2008, S. 45). Das sind schwierige Voraussetzungen für eine gleichberechtigte Kooperation oder – wie es häufig heißt – für eine Kooperation „auf gleicher Augenhöhe".

Ein „gefühltes" hierarchisches Verhältnis erschwert die gleichberechtigte Kooperation.

Bei allem guten Willen fällt es den beteiligten Fachkräften nicht immer leicht, die wechselseitigen Vorbehalte zu überwinden – dafür wirkt eine jahrelange berufliche Sozialisation zu prägend. So berichten Erzieher/innen und Kita-Leitungen, dass einzelne Schulen bzw. Schulleiter/innen im Rahmen von Kooperationsvereinbarungen den Kitas (und Eltern) zum Beispiel einseitig vorgeben wollen, was die Kinder können müssen, wenn sie in die Schule kommen – obwohl offiziell darüber Einigkeit besteht, dass Kita und Grundschule die Schulfähigkeit der Kinder gemeinsam herstellen sollen. In so einem Fall droht die angestrebte Kooperation zu einem Zulieferverhältnis zwischen der Auftraggeberin Schule und der beauftragten Kindertagesstätte zu werden – sofern sich die Kita darauf einlässt.

Kooperation ist kein Zulieferverhältnis.

Eigene Unterlegenheitsgefühle verhindern manchmal, dass Erzieher/innen so selbstbewusst auftreten, wie es ihrer Verantwortung und der Bedeutung ihrer Arbeit entspricht.

Eine Kita-Leiterin erzählt: „Es ist einfach so, dass man als Erzieherin – nur Erzieherin! – immer sehr viel Respekt vor den Lehrern hatte. Man erinnert sich an seine eigene Schulzeit, man erinnert sich an die Schulzeit seines Kindes, wenn man mit Lehrern zu tun hatte, das war nicht immer ein Verhältnis auf Augenhöhe …" (Ramseger in: Ramseger/Hoffsommer 2008, S. 122).

Und manchmal führt die gefühlte eigene Unterlegenheit auch zu Verweigerung. Auf beiden Seiten gilt es, sich über viele Jahre gepflegte, tief sitzende Vorurteile bewusst zu machen:

„‚Die nehmen uns doch gar nicht ernst', dachten die Erzieherinnen. ‚Die wissen doch gar nicht, was in der Schule so gefordert wird von den Kindern', vermuteten die Lehrerinnen" (Förster in: Ramseger/Hoffsommer 2008, S. 17).

Manchmal bedarf es der Moderation von außen, um diese Vorurteile zu bearbeiten.

Immer müssen wir den ersten Schritt tun!

Erzieher/innen berichten, dass sie häufiger auf die Schule zugehen, als umgekehrt. Woran könnte das liegen? Die Erzieher/innen kennen die Kinder, die demnächst in die Schule wechseln, zumeist über mehrere Jahre. Sie verfolgen ihre Entwicklung und erleben die Freude, den Stolz aber auch die Sorge, mit der die Kinder an den Schulanfang denken. Es gibt für Erzieher/innen viele Gründe, um den Kontakt mit der Schule zu suchen: Sie wollen wissen, was die Kinder in der Schule brauchen, um sie besser unterstützen zu können; sie wollen Informationen sammeln, um die Eltern besser beraten zu können, vor allem aber wollen sie häufig den zukünftigen Lehrerinnen und Lehrern etwas über die Kinder mitteilen, sie wollen ihre Erfahrungen – im Interesse der Kinder – weitergeben. Erzieher/innen fühlen sich auch über die Kita-Zeit hinaus für das Kind verantwortlich –, denn sie möchten, dass ihre Arbeit erfolgreich ist.

Wer hat welches Interesse an Kooperation?

Die Verantwortung der Schule für das Kind beginnt dagegen formal mit seiner Aufnahme. Auf das, was davor liegt, hatten Lehrer/innen bisher keinen Einfluss, das lag allein in der Verantwortung von Eltern und Kindertageseinrichtungen. Und die Kinder lernten die Lehrer/innen ohnehin erst bei Schuleintritt kennen. Jede Lehrerin, jeder Lehrer mit Erfahrung im Anfangsunterricht weiß, wie man die frisch eingeschulten Kinder am besten kennenlernt; manchmal ist auch die Meinung zu hören, es sei besser, die Kinder als „unbeschriebenes Blatt“ auf sich wirken zu lassen.

Könnte es daran liegen, dass die Kita als abgebende Institution eher den Weg in die aufnehmende Institution Schule sucht als umgekehrt? Übrigens: Grundschullehrer/innen berichten von den Schwierigkeiten, die sie haben, wenn die Kinder in die Sekundarstufe wechseln – diese ähneln sehr den Problemen, über die Erzieher/innen im Zusammenhang des Übergangs der Kinder in die Grundschule klagen.

Einzelkämpfer haben wenig Chancen

Veränderungen brauchen Mehrheiten.

Manchmal wird die Kooperation zwischen einer Kita und einer Grundschule nur von Einzelpersonen getragen – etwa von der pädagogischen Fachkraft, die in der Kita mit den ältesten Kindern arbeitet, und einer Lehrerin, einem Lehrer der Schulanfangsphase. Solche Kooperationsverhältnisse mögen als ein Anfang dienen, auf Dauer haben sie sich als äußerst instabil erwiesen: Sowie eine der betreffenden Personen aus irgendeinem Grund ausfällt, bricht die gemeinsame Arbeit zusammen. Auch lässt sich auf dieser Basis nichts gestalten, was über den individuellen Entscheidungsspielraum der jeweiligen Fachkräfte hinausgeht. So sind Stabilität und Entwicklungsfähigkeit der Kooperation sehr davon abhängig, ob sie von den Leitungskräften der Kita und der Schule getragen werden. Aber auch Leitungskräfte können die Kooperation nur dann verstetigen, wenn es ihnen gelingt, zumindest Mehrheiten im Team, im Lehrerkollegium dafür zu gewinnen.

Schulen müssen mit vielen Kitas, Kitas mit vielen Schulen kooperieren

Grundschulen nehmen Kinder aus verschiedenen Kitas auf. Abhängig von der Wohndichte des Einzugsbereichs und der Größe der Schule können es zehn und mehr Einrichtungen sein, mit denen Kooperationen gestaltet werden müssten. Ähnlich geht es den Kitas: Auch sie entlassen Kinder in mehrere Schulen. So wird es immer Einrichtungen geben, zwischen denen keine enge Kooperation zustande kommen kann. Das betrifft vor allem die Kitas und Grundschulen, zwischen denen nur sehr wenige Kinder wechseln. Um unter diesen Umständen dennoch zu einer tragfähigen Zusammenarbeit zu kommen, schließen sich die Einrichtungen mancherorts zu Netzwerken zusammen[17]. In regelmäßigen Treffen aller Beteiligten werden Erfahrungen ausgetauscht, verschiedene Vorhaben vorgestellt, gemeinsame Fortbildungen und Veranstaltungen organisiert. Solche regionalen Verbünde haben den Vorteil, dass sich an ihnen auch andere Institutionen und Dienste, die einen Beitrag zum Gelingen des Übergangs von der Kita in die Schule leisten (z.B. Bibliotheken, die mit Kitas und Schulen gemeinsame Projekte durchführen), beteiligen können.

Netzwerke helfen, alle betroffenen Einrichtungen einzubinden.

... und wenn die Kinder gar nicht in diese Schule kommen?

Auch wenn Kitas und Grundschulen kooperieren: Nicht immer ist gewährleistet, dass alle Kinder „ihre“ zukünftige Schule kennenlernen. Das kann unterschiedliche Gründe haben, zum Beispiel wenn Familien zum Zeitpunkt der Einschulung umziehen oder Kinder aus anderen Gründen in weiterer Entfernung eingeschult werden. Manchmal verhindert auch Verwaltungshandeln – wie etwa der starre Umgang mit festgelegten Schuleinzugsbereichen[18] – oder Platzmangel an sehr begehrten Grundschulen, dass Kinder, deren Kita mit einer benachbarten Schule eng kooperiert, diese Schule dann auch besuchen können. Es stellt sich die Frage, welchen Nutzen Kinder in solch einem Fall aus der Kooperation ziehen können. Bestimmt ist es für sie von Vorteil, überhaupt Erfahrungen mit Schule machen zu können. Offen bleibt, wie sie in ihrer künftigen Situation davon profitieren können. Manchmal gelingt es Erzieherinnen und Erziehern, für diese Kinder wenigstens einen Besuch ihrer zukünftigen Schule zu organisieren.

Mangelnde Ressourcen kosten Kraft

Kooperation kostet Zeit. Kitas und Grundschulen klagen immer wieder darüber, dass ihnen hierfür keine ausreichende Personalausstattung zur Verfügung steht. Vor allem in Situationen mit hohem Personalausfall können verabredete Termine und Aktivitäten häufig nicht mehr wahrgenommen werden. Dann stellt sich für die Teams die Frage, an welcher Stelle und mit welchen Mitteln sie aktiv werden können, um eine Verbesserung zu erreichen[19].

Gleichfalls erforderlich sind finanzielle Mittel, um auch gemeinsam Fortbildungs- und Beratungsangebote nutzen zu können. Auch das ist häufig schwierig, da wegen der unterschiedlichen institutionellen Zugehörigkeiten die Mittel auch unterschiedlich verwaltet werden.

4.3 Was können Kitas tun?

Auch wenn die beschriebenen Probleme nicht von den Kindertageseinrichtungen – und schon gar nicht von diesen alleine – gelöst werden können: Erfahrungen aus der Praxis bestätigen, dass Kitas zu einer verbesserten Kooperation mit der Grundschule beitragen können.

Informationen helfen gegen Vorurteile

Immer noch wissen viele Kitas und Grundschulen zu wenig voneinander. Erzieher/innen sollten sich nicht scheuen, von sich aus auf die Schule zuzugehen. Das Angebot, über die eigene Arbeit zu informieren, und das Interesse an der Arbeit der Schule stoßen häufiger auf positive Resonanz als erwartet. Aber auch wenn weitere Vorschläge für gemeinsame Aktivitäten – etwa für einen Schulbesuch der Kinder oder die Beteiligung der Schule am Elternabend – nicht sofort aufgegriffen werden, sollte das nicht gleich entmutigen: Manchmal ist die Situation für zusätzliche Aktivitäten einfach ungünstig, das kennt jeder aus eigener Erfahrung. Und selbst den ersten Schritt getan zu haben, stärkt das professionelle Selbstbewusstsein.

Eine Erzieherin berichtet aus dem Gespräch mit einer Schule: „Die waren schon ganz schön beeindruckt von unseren Dokumentationen!“

Den eigenen Standpunkt klären und dafür werben

Die Diskussion um den Übergang und um das „Rüstzeug“, das die Kinder dafür brauchen, berührt grundsätzliche Fragen der Arbeit und des Selbstverständnisses der Kindertageseinrichtungen:

- Welchen Auftrag hat die Kita?
- Wie lernen Kinder und was brauchen sie dafür?
- Was folgt daraus für die Arbeit unserer Kita?

Die öffentlichen Bildungsdebatten, die Sorgen der Eltern um die Zukunftschancen ihrer Kinder, vor allem aber die Kooperation mit der Schule machen es erforderlich, hierzu eine klare Position zu beziehen und diese nachvollziehbar zu vermitteln. Darin zeigt sich Professionalität, die Sicherheit vermittelt und der gefühlten eigenen Unterlegenheit entgegenwirkt.

Wenn Kita-Teams in gemeinsamer Diskussion den eigenen Standpunkt klären, dann schaffen sie damit eine gute Grundlage für die Kooperation mit den Eltern und der Schule, denn die geeignete Darstellung der eigenen Arbeit und eigener konzeptioneller Positionen schafft Transparenz und die Bereitschaft für einen offenen Austausch.

Den eigenen Standpunkt klären, fördert Transparenz und erleichtert Kooperation.

Die landeseigenen Bildungsvorgaben leisten dabei ebenso Unterstützung wie die Auseinandersetzungen im Rahmen von Verfahren zur Selbstevaluation der eigenen Praxis[20]. Diese Diskussionen machen es erforderlich, eigene Positionen im Team zu versprachlichen und mit Beispielen zu belegen, andere zu verstehen und gemeinsame Positionen zu identifizieren. Sie sind eine gute Übung für Argumentations- und Darstellungssicherheit.

Die Einrichtungskonzeption als Kooperationsinstrument

Kooperation erfordert die Auseinandersetzung mit anderen Positionen und Arbeitsweisen. In diesem Zusammenhang ist es von großem Nutzen, über eine Gesamtdarstellung zu verfügen, in der die fachlichen Positionen und ihre Begründung, die Arbeitsschwerpunkte und wichtigen Beschlüsse der eigenen Kita zusammengeführt und dargestellt werden. Dieses Instrument ist die Einrichtungskonzeption: Sie „beschreibt auf der Basis gelebter Praxis das institutionelle und pädagogische Selbstverständnis einer Kita, kennzeichnet die zentralen Eckpunkte der pädagogischen Arbeit und nimmt Bezug auf die zugrunde liegende pädagogische Orientierung, die Ziele und Aufgaben sowie auf die Arbeitsweise eines Teams“ (Senatsverwaltung für Bildung, Wissenschaft und Forschung 2009b, S. 4).

Im Rahmen der Kooperationspraxis hat die Einrichtungskonzeption sowohl eine Innen- als auch eine Außenfunktion: Nach innen dient sie als Orientierungshilfe, als Nachschlagewerk, um sich eigener fachlicher Positionen und Begründungen zu vergewissern und die eigene Argumentation zu überprüfen. Nach außen ist sie das „Aushängeschild“ der Kita, das den Kooperationspartnern umfassende Auskunft über die Arbeit und Kultur der Einrichtung bieten soll.

Die Einrichtungskonzeption ist das „fachliche Rückgrat“ des Teams.

Damit die Konzeption diese Funktionen erfüllen kann, bedarf es einiger Voraussetzungen:

- Die Konzeption ist vom Kita-Team erarbeitet und wird von diesem fortgeschrieben. Das ist auch arbeitsteilig möglich –, aber eine von der Leitungskraft im Alleingang verfertigte Konzeption nützt dem Team nichts.
- Sie ist ausreichend differenziert und konkret, fachliche Positionen sind durch nachvollziehbare Beispiele belegt. Über Programmsätze kann man sich zwar schnell einigen, aber sie klären nichts.
- Die Konzeption ist ausreichend aktuell, sodass sie für die gegenwärtige Praxis aussagekräftig ist.

Viele Berichte aus der Praxis belegen: Der Aufbau von belastbaren Kooperationen braucht Zeit und erfordert in der Regel eine Reihe von vertrauensbildenden Maßnahmen. Rückschläge sind einzukalkulieren. Kita-Teams tun gut daran, sich einen langen Atem und eine gewisse Hartnäckigkeit zuzulegen und sich auch mal mit kleinen Schritten zufrieden zu geben.

Anhang

Nachweise

1 Zum formalen Bildungswesen gehören die Institutionen des Bildungswesens im engeren Sinne: Schule, Ausbildung, Hochschule; siehe hierzu und zur Abgrenzung von non-formalen Bildungsorten und informellen Bildungsprozessen: Stellungnahme des Bundesjugendkuratoriums 2001: Zukunftsfähigkeit sichern! – Für ein neues Verhältnis von Bildung und Jugendhilfe, in: Bildung und Lebenskompetenz. Kinder- und Jugendhilfe vor neuen Aufgaben, hrsg. im Auftrag des Bundesjugendkuratoriums von Münchmeier/Otto/Rabe-Kleberg, Opladen 2002.

2 „Den Übergang von der Tageseinrichtung für Kinder in die Grundschule sinnvoll gestalten – Die Zusammenarbeit von Elementarbereich und Primarstufe optimieren"; Beschluss der Kultusministerkonferenz vom 18.06.2009 und Beschluss der Jugend- und Familienministerkonferenz vom 05.06.2009.

3 JÜL = jahrgangsübergreifendes Lernen.

4 Dieser Grundsatz kommt auch als ganzheitlicher Bildungsauftrag der Kindertageseinrichtungen in der Trias Bildung, Erziehung und Betreuung zum Ausdruck – sowohl auf Bundesebene im SGB VIII (§ 22 Abs. 3) als auch in den Kita-Gesetzen auf Landesebene; vgl. auch Preissing 2010, S. 8 ff.

5 Vgl. die Ergebnisse einer Untersuchung, die keinerlei Vorteile durch gesteuerte Sprachfördermaßnahmen belegen konnte: Roos/Polotzek/Schöler 2010.

6 Der Bericht über die Dinotreffen orientiert sich weitgehend an Rost (2001) und in Teilen an Knecht (2009); der Absatz „Jetzt machen wir unser Frühstück selbst!" folgt in Grundzügen dem in Naumann (1998) auf den Seiten 52 f. beschriebenen Praxisbeispiel, modifiziert und ergänzt durch Praxiserfahrungen der Autorin.

7 Das Beispiel folgt weitgehend Knecht 2009, S. 32 ff.; Knecht bezieht sich in ihrem Praxisbericht auf Stellwag 2008.

8 Der Text folgt dem in Naumann (1998) auf den Seiten 56 ff. beschriebenen Praxisbeispiel, teilweise ergänzt durch Praxiserfahrungen der Autorin; der Abschnitt „Pausenerlebnisse" ist, mit kleinen sprachlichen Änderungen, entnommen aus Rost 2001, S. 16.

9 Bei ponte handelt es sich um ein bundesweites Entwicklungs- und Forschungsprogramm der Deutschen Kinder- und Jugendstiftung, der Internationalen Akademie für innovative Pädagogik, Psychologie und Ökonomie an der Freien Universität Berlin und der Deutsche Bank Stiftung; vgl. Ramseger/Hoffsommer 2008.

10 Der Beitrag wurde leicht gekürzt übernommen aus: Ramseger/Hoffsommer 2008, S. 31 ff.

11 Das Beispiel folgt mit einigen Änderungen einem Praxisbericht von Hardenberg 2003, S. 8 f.

12 Vgl. hierzu Heller, E. (2013): Im Spiel die Welt begreifen, Berlin; ebenfalls aus der Reihe „Was Kita-Kinder stark macht".

13 Das Praxisbeispiel beschreibt den Kooperationsprozess zwischen der Elterninitiativ-Kindertagesstätte (EKT) „Das Tapfere Schneiderlein" e. V. und der Evangelischen Schule Berlin Lichtenberg; die Einrichtungen wurden 2005 für ihre kooperative Gestaltung des Übergangs mit dem KiTa-Preis der Bertelsmann Stiftung ausgezeichnet; vgl. Bertelsmann Stiftung (Hrsg.) (2009): Von der Kita in die Schule – Handlungsempfehlungen an Politik, Träger und Einrichtungen, 3. Auflage, Gütersloh.

14 *„fliegen lernen.* Kinder erforschen Naturwissenschaften" ist eine Initiative der Deutschen Kinder- und Jugendstiftung (DKJS) gefördert durch Boeing; *fliegen lernen* Berlin (2006–2010) war eine Gemeinschaftsaktion der DKJS in Kooperation mit der RAA Berlin, der Grundschulwerkstatt der Humboldt-Universität Berlin und der Lernwerkstatt des Berliner Eigenbetriebes „Kindergärten NordOst" als Entwicklungspartner. Im Rahmen des Programms richten jeweils ein Kindergarten und eine Grundschule zusammen eine Lernwerkstatt ein, in der Kindergarten- und Grundschulkinder miteinander und voneinander lernen und naturwissenschaftlichen Fragestellungen nachgehen. Die beteiligten Tandems setzten nach Programmende ihre gemeinsame Lernwerkstattarbeit fort; www.kinder-erforschen-naturwissenschaften.de.

15 Das Beispiel entstammt der Praxiserfahrung der Autorin; der Abschnitt über die Kräuterwanderung, die Zubereitung und den Verkauf der Pasten folgt mit einigen Änderungen Knecht 2009, S. 24 ff.

16 Vgl. Ministerium für Bildung, Familie, Frauen und Kultur des Saarlandes 2008; der Broschüre ist eine DVD mit dem Film „Das Bildungstagebuch im saarländischen Kindergarten" von Donata Elschenbroich und Otto Schweitzer beigefügt; dieses Beispiel schildert zwei Sequenzen des Films.

17 Siehe hierzu auch: Forum Übergang, Lehrer/innen und Erzieher/innen gestalten gemeinsam einen kindgerechten Übergang von der Kita in die Grundschule, in: Senatsverwaltung für Bildung, Wissenschaft und Forschung des Landes Berlin 2009a. Das Forum Übergang ist eins von mehreren Praxisvorhaben, die im Rahmen der Berliner Beteiligung an dem Projekt TransKiGs – Stärkung der Bildungs- und Erziehungsqualität in Kindertageseinrichtung und Grundschule gemeinsam von Kitas und Grundschulen durchgeführt wurden.

18 In Berlin gilt z. B., dass Kinder grundsätzlich nur im Schuleinzugsbereich der elterlichen Wohnung eingeschult werden können.

19 Siehe hierzu „Arbeitszeitbedarf für die mittelbare pädagogische Arbeit einer Erzieherin in der Kita" unter: www.berliner-kitabuendnis.de/downloads/ag3.13textfassung.pdf; die Studie wurde im Rahmen der Auseinandersetzung um die Personalausstattung der Berliner Kindertageseinrichtungen 2009 erstellt. Dabei ging es um die Frage, wie viel Arbeitszeit die ohne die Kinder zu erbringenden Tätigkeiten (mittelbare pädagogische Tätigkeiten) erfordern, die notwendig sind, um den Anforderungen des Berliner Bildungsprogramms für die Kindertageseinrich-

tungen zu genügen. Die Auseinandersetzung, an der sich insbesondere die Landeselternvertretung und ein Bündnis aus Fachpraxis, Wissenschaft und Vertreterinnen der Bezirke beteiligten, mündete Ende 2009 in eine Änderung des Berliner Kindertagesförderungsgesetzes, das deutliche schrittweise Personalverbesserungen beinhaltet.

20 Vgl. z. B. Senatsverwaltung für Bildung, Wissenschaft und Forschung, Berlin: „Materialien für die interne Evaluation zum Berliner Bildungsprogramm" unter: www.ewi-psy.fu-berlin.de/v/ina/downloads/materialien.pdf. Im Verlauf dieses internen Evaluationsverfahrens klären Kita-Teams zum einen, welches Verständnis sie von den Qualitätskriterien haben, zum anderen, welchen Entwicklungsstand ihre Praxis in Bezug auf die verschiedenen Qualitätskriterien erreicht hat.

Literatur

Bertelsmann Stiftung (Hrsg.) (2009): Von der Kita in die Schule – Handlungsempfehlungen an Politik, Träger und Einrichtungen. (Mit DVD Von der Kita in die Schule – Elterninitiative „Das Tapfere Schneiderlein“ e. V. und Evangelische Schule Lichtenberg in Berlin). Gütersloh.

Diskowski, D./Hammes-Di Bernardo, E./Hebenstreit-Müller, S. (Hrsg.) (2006): Übergänge gestalten – Wie Bildungsprozesse anschlussfähig werden. Weimar/Berlin.

Freie und Hansestadt Hamburg, Behörde für Arbeit, Soziales, Familie und Integration (Hrsg.) (2012): Hamburger Bildungsempfehlungen für die Bildung und Erziehung von Kindern in Tageseinrichtungen. Hamburg.

Griebel, W./Niesel, R. (2002): Die Bewältigung des Übergangs vom Kindergarten in die Grundschule. In: W.E. Fthenakis (Hrsg.). Elementarpädagogik nach PISA. Freiburg i. Br.

Griebel, W./Niesel, R. (2011): Übergänge verstehen und begleiten. Berlin.

Haug-Schnabel, G./Bensel, J. (2011): Vom Säugling zum Schulkind – Entwicklungspsychologische Grundlagen.; kindergarten heute, Sonderheft wissen kompakt/spezial. Freiburg i.m Breisgau.

Kasten, H. (2009): 4–6 Jahre. Entwicklungspsychologische Grundlagen, 2. Auflage. Berlin.

Krappmann, L. (2005): Lernen vor der Schule, Lernen in der Schule – Kontinuität und Wandel. Vortrag bei der Fachtagung „Bildung braucht Kooperation – Zusammenarbeit zwischen Kindergarten und Grundschule“, Bürgerhaus Mainz-Finthen. www.grundschulforschung.de/GSA/Bildungsarbeit_3.pdf.

Laewen, H. J./Andres, B. (Hrsg.) (2002): Forscher, Künstler, Konstrukteure. Werkstattbuch zum Bildungsauftrag von Kindertageseinrichtungen. Berlin.

List, G. (2011): Spracherwerb und die Ausbildung kognitiver und sozialer Kompetenzen, Weiterbildungsinitiative Frühpädagogische Fachkräfte WIFF-Expertise Nr. 11. Deutsches Jugendinstitut München.

Ministerium für Bildung, Familie, Frauen und Kultur des Saarlandes (Hrsg.) (2008): Das Portfolio im Kindergarten – ein Entwicklungstagebuch, geführt vom Kind und seinen Bildungsbegleitern (mit DVD: Elschenbroich, D./Schweitzer, O.: Portfolio – Das Bildungstagebuch im saarländischen Kindergarten). Weimar/Berlin.

Ministerium für Bildung, Jugend und Sport des Landes Brandenburg (2009): GOrBiKs – Gemeinsamer Orientierungsrahmen für Bildung in Kindertagesbetreuung und Grundschule. Weimar/Berlin.

Münchmeier, R./Otto, H.-U./Rabe-Kleberg, U. (Hrsg.) (2002): Bildung und Lebenskompetenz. Kinder- und Jugendhilfe vor neuen Aufgaben; hrsg. im Auftrag des Bundesjugendkuratoriums. Opladen.

Naumann, S. (1998): Was heißt hier schulfähig? Übergang in Schule und Hort. Ravensburg.

Pestalozzi-Fröbel-Verband (Hrsg.) (2006): Gemeinsamer Rahmen der Länder für die frühe Bildung in Kindertageseinrichtungen. Weimar/Berlin.

Preissing, Ch. (2010): Ganz oder gar nicht? In: Welt des Kindes, Heft 5, S. 8–12.

Preissing, Ch./Heller, E. (2009): Qualität im Situationsansatz. Qualitätskriterien und Materialien für die Qualitätsentwicklung in Kindertageseinrichtungen, 2. Auflage. Berlin/Düsseldorf.

Ramseger, J./Hoffsommer, J. (Hrsg.) (2008): ponte. Kindergärten und Grundschulen auf neuen Wegen. Weimar/Berlin.

Ramseger, J./Preissing, C./Pesch, L. (2009): Berliner Bildungsprogramm für die offene Ganztagsgrundschule, Gestaltungsprinzipien, Aufgabenfelder und Entwicklungsziele. Weimar/Berlin.

Roos, J./Polotzek, S./Schöler, H. (2010): EVAS – Evaluationsstudie zur Sprachförderung von Vorschulkindern. Wissenschaftliche Begleitung der Sprachfördermaßnahmen im Programm „Sag´ mal was – Sprachförderung für Vorschulkinder“. Abschlussbericht: Unmittelbare und längerfristige Wirkungen von Sprachförderungen in Mannheim und Heidelberg.

Senatsverwaltung für Bildung, Jugend und Sport Berlin (Hrsg.) (2004): Berliner Bildungsprogramm für die Bildung, Erziehung und Betreuung von Kindern in Tageseinrichtungen bis zu ihrem Schuleintritt. Weimar/Berlin.

Senatsverwaltung für Bildung, Wissenschaft und Forschung Berlin (Hrsg.) (2007): Materialien für die interne Evaluation zum Berliner Bildungsprogramm. Berlin.

Senatsverwaltung für Bildung, Wissenschaft und Forschung Berlin (Hrsg.) (2009a): TransKiGs – Den Übergang gestalten, Anregungsmaterialien zur Kooperation von Kindertagesstätten und Grundschulen. Berlin.

Senatsverwaltung für Bildung, Wissenschaft und Forschung Berlin (Hrsg.) (2009b): Empfehlungen für die Weiterentwicklung der Kita-Konzeption auf der Grundlage des Berliner Bildungsprogramms. Berlin.

Stellwag, P. (2008): „Das will ich noch lernen“. In: M. Huisman, Bildung Spezial, Heft 4, S. 24 f.

Welzer, H. (1993): Transitionen. Zur Sozialpsychologie biographischer Wandlungsprozesse. Tübingen.

Wustmann Seiler, C. (2012): Resilienz – Widerstandsfähigkeit von Kindern in Tageseinrichtungen fördern. In: W. E. Fthenakis (Hrsg.). Beiträge zur Bildungsqualität, 4. Auflage. Berlin.

Wygotski, L. S. (1972): Denken und Sprechen, 4. Auflage der Lizenzauflage. Stuttgart.

Praxisberichte, die in diesem Buch Verwendung gefunden haben:

Hardenberg, M. (2003): Wenn Bildung immer wichtiger wird: Die Forschergruppe in unserer Kindertagesstätte. Abschlussarbeit im Rahmen der Weiterbildung zur Fachkraft für den Situationsansatz – Level A.

Knecht, S. (2009): Vorbereitung der zukünftigen Schulkinder auf ihre Einschulung. Abschlussarbeit im Rahmen der Weiterbildung zur Fachkraft für den Situationsansatz – Level B.

Rost, I. (2001): Der Übergang vom Kindergarten zur Schule oder Vierzig „Dinos" sind bereit für ihre neue Rolle. Abschlussarbeit im Rahmen der Weiterbildung zur Fachkraft für den Situationsansatz – Level A.

Mündliche Berichte folgender Fachkräfte sind Grundlage einzelner Praxisbeispiele:

Sabine Kaiser, Sabine Sonnenberg. INA.KINDERGARTEN Frankenstraße, Berlin.

Ute Römer, Aliki Beyer. INA.KINDERGARTEN Neue Steinmetzstraße, Berlin.

Jeanette Seibt. Kindertagesstätte der Elterninitiative „Das tapfere Schneiderlein" e.V., Berlin.

Abbildungsverzeichnis

Berry, Gabriele: S. 10

fotolia.com: © Christian Schwier S. 20; © ChantalS S. 37; © contrastwerkstatt S. 74, S. 88; © Daniele Pietrobelli S. 61; © fotogestoeber S. 41; © Rob S. 72; © sonja etchison S. 50; © trotzolga S. 98; © Tyler Olson S. 30, S. 40, S. 46; © Valiza14, S. 12

Städt. Kindertagesstätte Luitpoldschule, St. Ingbert: S. 84